Supply Chain Finance
Credit empowers
the future

供应链金融

信用赋能未来

孙雪峰 编著

21世纪的竞争不再是企业和企业之间的竞争,而是供应链和供应链之间的竞争。要想成为伟大的企业,必须拥有强有力的供应链体系,以确保整个供应链上的所有企业共创价值。而中小企业融资难、融资贵则是影响供应链发展,乃至全社会发展的主要障碍。供应链金融横跨产融两大领域,日渐成为解决中小企业融资难、融资贵问题的重要手段。供应链金融的实质是发现中小企业的信用和共享供应链核心企业的信用,以向中小企业信用赋能,并将信用转化为价值。传统的供应链金融方案仅能实现供应链局部赋能,无法将金融资源传递至供应链末梢。人工智能、区块链、云计算、大数据等智能化技术的发展使得赋能整个供应链的智慧供应链金融方案成为可能。而基于区块链技术的数字债权凭证实现了多级拆转,将资金传递至供应链的末梢,是智慧供应链金融的创新实践。从供应链生态的资金源角度看,智慧供应链金融将呈现"外源性供应链金融—财务公司+X—产业银行"三个发展阶段,最终实现完善的产融结合。

本书阐述了智能化时代供应链金融的内涵,介绍了基于区块链等智能化技术的供应链金融解决方案,探索了智能化时代供应链金融领域可能出现的新机会和发展的新趋势。本书面向所有希望了解供应链金融和引入供应链金融解决方案的公司和人士。

图书在版编目(CIP)数据

供应链金融:信用赋能未来 / 孙雪峰编著. —北京:

机械工业出版社,2020.7(2022.11重印)

ISBN 978-7-111-66065-1

Ⅰ.①供… Ⅱ.①孙… Ⅲ.①供应链管理-金融业务-研究
Ⅳ.①F252.2

中国版本图书馆 CIP 数据核字(2020)第 122696 号

机械工业出版社(北京市百万庄大街22号 邮政编码100037)
策划编辑:坚喜斌 责任编辑:坚喜斌
责任校对:张 力 责任印制:张 博
三河市骏杰印刷有限公司印刷
2022年11月第1版第4次印刷
170mm×240mm・13.75 印张・1 插页・177 千字
标准书号:ISBN 978-7-111-66065-1
定价:69.00元

电话服务   网络服务
客服电话:010-88361066   机 工 官 网:www.cmpbook.com
        010-88379833   机 工 官 博:weibo.com/cmp1952
        010-68326294   金 书 网:www.golden-book.com
封底无防伪标均为盗版   机工教育服务网:www.cmpedu.com

序　言
PREFACE

———

2020年注定是历史性的一年。自新年始，COVID-19疫情暴发，在全国上下齐心协力遏制疫情之势时，病毒却又呈全球肆虐之象。伴随疫情的还有全球金融市场的剧烈动荡，美联储推出史无前例的"无底线"救市方案，开启无限量的量化宽松模式。一连串黑天鹅事件造成的影响或许远比我们想象的剧烈和深远，此时此刻的我们在见证历史，但却无法预见历史。但其实早在2020年之前，历史已有转向之迹，逆全球化与全球制度危机的阴霾逐渐浓重。恰如世界著名智库英国皇家国际事务研究所的首席执行官罗宾·尼布利特（Robin Niblett）所言："我们所知道的全球化在走向终结。"但是，这并不代表全球化是错误的，也不意味全球化走向终结，只不过说明过去全球化的组织方式并没有实现多赢和共赢。因此，在过往的全球化模式中出现了显而易见的输家。那么，未来谁能给出供应链的全球化组织方案，谁就将主导全球化的新局面。

在波谲云诡的世界宏观形势之下，全球的企业和供应链的组织形式也在不断变化，如同逆全球化的浪潮，贸易冲突不断，碳减排的目标也要求很多公司减少对长距离供应链的依赖，供应链也隐隐有去全球化之势。究其根本原因仍是有人是旧的供应链组织方式的受害者，成为输家，这其中最大的输家就是数量众多却收益甚微的中小企业。根据科法斯集团（COFACE）多年的跟踪调查，全球供应链中的强势企业不断延长向中小企业付款的周期，并且逾期付款的比例不断上升，而愿意向中小企业提供资金和信用的金融机构的比例却在不断降低。可见，供应链分工使得大企业获利，中小企业活力甚微甚至难以生存。旧的供应链组织方式同样没有实现真正的共赢，同样需要给出新的方案。

供应链金融领域创新的首要目的是为了更好地缓解中小企业的融资困难。随着人工智能、区块链、云计算和大数据等科技的出现和发展，供应链金融方案变得更加有力和强大。在传统的供应链金融模式下，供应链核心企业没有直接获得利益，没有足够的动机参与和支持该方案，而新科技的赋能使得供应链总体的成本下降、效率提升，新的利益会给核心企业和中小企业都带来价值。

在整个供应链金融生态系统中，中小企业作为资金的需求方自身信用不足，这也成为资金在供应链中传递的最大阻滞。但是，供应链中的中小企业参与整个供应链的生产活动，产生了诸多行为数据，能够被发现和分析进而形成良好的信用说明。智能科技的发展让这样的行为成为现实，而核心企业、金融机构和专业的金融科技公司均能够利用科技能力，从对中小企业的数据赋能转变为信用赋能，从而跨越资金的障碍。从商业生态系统完整性的视角，集团公司可以很好地利用金融科技赋能的供应链金融产品这个有力工具来构建伟大的供应链体系。

本书恰是从供应链金融生态系统出发，给出了供应链金融体系的全景图，阐述了不同的供应链金融模式。结合技术原理和具体事例分析了数字债权凭证产品，并推演出集团公司发展供应链体系的三个阶段。这三个阶段的分析对各类企业构建自己的供应链金融产品和模式有一定的参考价值。

目录
CONTENTS

序言

第1章　供应链金融创新的背景　// 001

1.1　伟大的企业拥有优秀的供应链　// 003
- 1.1.1　什么是伟大的企业　// 003
- 1.1.2　什么是优秀的供应链　// 003
- 1.1.3　伟大的企业能为供应链中的其他企业创造价值　// 005

1.2　伟大供应链的挑战——中小企业融资难　// 008
- 1.2.1　什么是中小企业　// 008
- 1.2.2　中小企业在国民经济中的地位突出　// 010
- 1.2.3　中小企业融资状况不容乐观　// 013
- 1.2.4　全球中小企业融资难现象日益加剧　// 014

1.3　可行的解决方案——供应链金融　// 015
- 1.3.1　供应链金融发展的背景　// 015
- 1.3.2　供应链金融发展的环境　// 017
- 1.3.3　供应链金融的内涵　// 023
- 1.3.4　供应链金融的发展历程　// 029
- 1.3.5　供应链金融的市场前景　// 030

第 2 章　信用赋能的模式　　// 033

2.1　供应链金融生态系统　　// 034

2.1.1　供应链金融生态系统全景　　// 035
2.1.2　供应链金融平台能力解构　　// 038
2.1.3　供应链金融平台类型解析　　// 044

2.2　供应链金融生态系统的新角色——信用中介　　// 047

2.2.1　信息不对称　　// 047
2.2.2　信号理论　　// 049
2.2.3　信用中介　　// 050
2.2.4　信用赋能所需的能力　　// 051

2.3　信用赋能角度下的供应链金融模式　　// 052

2.3.1　信用赋能模式一：独立信用中介　　// 053
2.3.2　信用赋能模式二：金融机构作为信用中介　　// 054
2.3.3　信用赋能模式三：核心企业作为信用中介　　// 055
2.3.4　信用赋能模式四：核心企业体系兼具信用中介、资金提供方功能　　// 058

第 3 章　信用赋能的发展阶段　　// 059

3.1　自金融　　// 061

3.1.1　优序融资理论　　// 061
3.1.2　什么是自金融　　// 061
3.1.3　什么是供应链自金融　　// 062
3.1.4　集团企业供应链自金融的发展阶段　　// 063

3.2　信用共享 + 供应链金融　　// 064

3.2.1　当前供应链金融在信用共享中面临的问题　　// 064

目 录
CONTENTS

  3.2.2 信用再传递的障碍 // 064
  3.2.3 信用再传递的工具：数字债权凭证 // 065

 3.3 财务公司＋供应链金融 // 066
  3.3.1 集团财务公司的意义 // 066
  3.3.2 集团财务公司的业务 // 068
  3.3.3 集团财务公司的供应链金融业务 // 075

 3.4 产业银行＋供应链金融 // 077
  3.4.1 产业银行 // 077
  3.4.2 产业银行必须具备的能力 // 077
  3.4.3 财务公司向产业银行转型 // 078
  3.4.4 转型产业银行面临的挑战 // 079
  3.4.5 转型产业银行的建议 // 080

 3.5 国外企业集团自金融发展案例 // 081
  3.5.1 通用电气（GE） // 081
  3.5.2 西门子公司 // 085
  3.5.3 三菱集团 // 089

第4章 数字债权凭证的技术和法律基础 // 093
 4.1 iABCDE 驱动金融科技革新 // 094
 4.2 数字债权凭证的技术基础 // 095
  4.2.1 区块链的定义和关键技术特性 // 095
  4.2.2 区块链技术的分布式记账模式概览 // 105
  4.2.3 区块链技术的关键特征 // 106

 4.3 数字债权凭证的法律基础 // 108

4.3.1 票据的内涵和外延 // 108

4.3.2 票据业务的一般法律问题 // 112

4.3.3 票据行为 // 115

4.3.4 票据业务中的其他法律问题 // 118

第5章 基于数字债权凭证的信用赋能实践 // 119

5.1 中金云创：X信 // 120

5.1.1 中金云创简介 // 120

5.1.2 X信模式简介 // 120

5.1.3 X信模式业务实质与法律依据 // 125

5.1.4 X信模式的价值 // 126

5.1.5 X信模式的市场发展现状 // 127

5.1.6 X信模式的困境 // 128

5.2 中企云链：云信 // 129

5.2.1 企业介绍 // 129

5.2.2 市场分析 // 129

5.2.3 解决方案：云信 // 131

5.3 欧冶云商：通宝 // 133

5.3.1 公司简介 // 133

5.3.2 欧冶云商生态圈 // 134

5.3.3 欧冶云商供应链金融服务 // 135

5.3.4 供应链金融产品：通宝 // 136

5.4 上海华能电商：能信 // 138

5.4.1 公司简介 // 138

5.4.2 华能智链：智慧供应链生态服务体系 // 140

5.4.3 "能信"业务背景与意义　　//141
5.4.4 "能信"产品介绍　　//141
5.4.5 "能信"平台应用价值　　//144

第6章　引入供应链金融方案　　//145

6.1　创新扩散理论　　//146
6.1.1　创新扩散理论简介　　//146
6.1.2　创新扩散理论的发展历史　　//147
6.1.3　创新扩散的基本要素　　//148
6.1.4　创新扩散的过程　　//148
6.1.5　创新采用的决策　　//149
6.1.6　创新采用速度　　//150
6.1.7　采用者的类型　　//150
6.1.8　采用创新的结果　　//152

6.2　供应链金融方案的引入　　//152
6.2.1　组织内创新　　//153
6.2.2　引入供应链创新的阶段　　//155
6.2.3　供应链金融创新采用模型　　//158

6.3　引入供应链金融的案例　　//159
6.3.1　中石化易派客供应链金融　　//160
6.3.2　中铁建资产公司供应链金融　　//164
6.3.3　中铁商业保理供应链金融　　//168
6.3.4　中交集团供应链金融　　//169
6.3.5　国网电商供应链金融　　//171
6.3.6　央企供应链金融平台建设经验总结　　//173

第 7 章　供应链金融的风险管理　// 175

7.1　供应链金融业务面临的风险　// 176

7.1.1　什么是风险　// 176

7.1.2　供应链风险　// 177

7.1.3　供应链金融风险环节　// 177

7.2　供应链金融的风险管理　// 180

7.2.1　风险管理　// 180

7.2.2　供应链风险管理　// 190

7.2.3　供应链金融风险管理　// 191

第 8 章　信用赋能的未来　// 197

8.1　内容总结　// 198

8.2　未来展望　// 200

8.2.1　供应链金融未来的发展趋势　// 200

8.2.2　集团企业的伟大之路　// 201

参考文献　// 203

Chapter One

第 1 章

供应链金融创新的背景

Chapter One

国际供应链大师马丁·克里斯托弗（Martin Christopher）在 1992 年就曾经断言，市场上只有供应链而没有企业。真正的竞争不再是个别企业与企业的竞争，而是供应链与供应链之间的竞争。从某种意义上讲，这是不争的事实，由于供应链上的企业之间的联系愈加紧密，逐渐成为荣辱与共、不可分割的统一整体。创造价值的实体从企业演变为供应链乃至产业网，因此我们看待商业的视角也应当从企业上升到供应链。为了创造价值，资金是不可缺少的要素和资源，产融结合也是必然的路径。供应链中的企业必定有主有次，有强有弱，链上的中小微企业如何获得金融资源，成了保障供应链高效运行不可或缺的条件。供应链金融作为产业供应链和金融活动的创新手段，在金融服务供应链实体解决链上中小微企业融资问题中发挥着巨大的作用，成了重要的战略手段。

为了探明供应链金融创新产生的背景和发展历史，我们需要依次弄清楚：为什么构建优秀高效的供应链如此重要？中小微企业融资难为什么是阻碍构建优秀供应链的最大挑战？供应链金融缘何成为应对这个挑战的最好武器？供应链金融究竟是什么？供应链金融在解决中小微企业融资难的过程中有哪些升级和进化？本章将加以解读。

第 1 章
供应链金融创新的背景

1.1 伟大的企业拥有优秀的供应链

1.1.1 什么是伟大的企业

根据北京大学光华管理学院院长刘俏教授的观点,能够持续地、长时间地创造价值,为股东、重要投资方、消费者、员工提供合理回报的企业属于伟大的企业。

回溯过去一两百年间的企业史,有两家典型的企业可以称为伟大的企业:第一家是通用电气。通用电气是一家围绕着电来做业务的企业,它的创始人就是爱迪生。通用电气的一个理念就是凡是电所到的地方都是业务可以扩展的地方,通过电来为人类提供更美好的生活。另外一家是IBM(国际商业机器公司)。IBM是高科技领域的佼佼者,但IBM的发展也历经坎坷。在IBM的企业史中,变革是一个主旋律,它不断提升自身的价值创造能力,以适应新时代的发展。

不难发现,企业要想做到伟大,至少需要具备两个基础条件,一是为利益相关方创造价值,二是能够持久地生存和发展。对于身处供应链、依靠供应链创造价值的实体企业而言,要想做到伟大,必须要有优秀的供应链能够创造价值,同时供应链必须不断变革以应对时代的挑战。要想做到这两点,企业必须能够引领和协助供应链中的其他企业尤其是中小企业共同发展,使得自身的供应链成为最优秀的供应链,成为能够持续创造价值的供应链。

1.1.2 什么是优秀的供应链

优秀的供应链的评价标准是什么?如何判断一个企业的供应链是否优秀?这个世界上拥有最优秀供应链的企业有哪些?世界信息技术研究和分析公司

高德纳（Gartner Group）给出了一个标准和名单。

高德纳从 2005 年开始发布全球公司供应链排行榜，推出 25 家全球供应链领袖级别的公司并着重分析和展示它们的最优策略。2019 年 5 月，最近一期 Gartner 供应链全球高管峰会（Gartner Supply Chain Executive Conference）评选了 2019 年的全球供应链 25 强（见表 1.1），这是第 15 次评选，中国零售业巨头阿里巴巴（Alibaba）和荷兰化学巨头阿克苏诺贝尔（Akzo Nobel）首次跻身 25 强之列。高露洁棕榄（Colgate – Palmolive）第一次拔得头筹，第二到第五名依次是 Inditex、雀巢（Nestlé）、百事（PepsiCo）和思科（Cisco Systems）。而苹果（Apple）、亚马逊（Amazon）、联合利华（Unilever）、麦当劳（McDonald）和宝洁（P&G）因为连续七年登顶 25 强榜单前五名之后，被单独列为供应链大师（Master）行列。

表 1.1　2019 年全球供应链 25 强榜单

排名	公司	总部所在地	综合得分
1	高露洁棕榄（Colgate-Palmolive）	美国	4.88
2	Inditex	西班牙	4.80
3	雀巢（Nestlé）	瑞士	4.27
4	百事可乐（PepsiCo）	美国	4.22
5	思科（Cisco Systems）	美国	4.13
6	英特尔（Intel）	美国	4.12
7	惠普（HP Inc.）	美国	3.81
8	强生公司（Johnson & Johnson）	美国	3.80
9	星巴克（Starbucks）	美国	3.74
10	耐克（Nike）	美国	3.73
11	施耐德电气（Schneider Electric）	法国	3.71
12	帝亚吉欧（Diageo）	英国	3.44
13	阿里巴巴（Alibaba）	中国	3.43
14	沃尔玛（Walmart）	美国	3.40
15	欧莱雅（L'Oreal）	法国	3.38

(续)

排名	公司	总部所在地	综合得分
16	H&M	瑞典	3.35
17	3M	美国	3.34
18	诺和诺德（Novo Nordisk）	丹麦	3.31
19	家得宝（Home Depot）	美国	3.29
20	可口可乐（Coca Cola Company）	美国	3.13
21	三星电子（Samsung Electronics）	韩国	3.05
22	巴斯夫（BASF）	德国	2.89
23	阿迪达斯（Adidas）	德国	2.75
24	阿克苏诺贝尔（Akzo Nobel）	荷兰	2.61
25	宝马（BMW）	德国	2.57

数据来源：Gartner。

上榜公司的共同之处在于，一是能够不断地采用大量创新技术提升公司的整体供应链水平；二是努力提升企业的社会责任感，推崇环境保护和可持续发展。正如 Gartner 公司所说："致力于加快提升自身能力、进一步扩大竞争优势的众多供应链领导者，呈现出三大主要特征：大规模个性化、借助生态系统和以业务为导向的数字化战略。"

1.1.3 伟大的企业能为供应链中的其他企业创造价值

伟大的企业必须能够引领和协助供应链中的其他企业共同发展，为供应链中的其他企业创造价值，协助供应链中的其他企业成长为优秀的企业，使得链中无短板，链上无弱兵。

供应链协同发展的最优秀代表是苹果公司，位列 Gartner 供应链大师（Master）首位。自从 2007 年首代 iPhone 发布以来，苹果公司自身的发展带动了其很多供应商成为市场的领先者。

其中最为典型的代表是富士康。在十年的时间里，苹果公司通过 iPhone 将富士康的年营收从 380 亿美元提升至 1781 亿美元，成为世界上员工数量最多的制造业巨头之一。

富士康并不是唯一一个被苹果公司带动起来的公司，中国台湾地区的镜头厂商大立光电公司的年收入因 iPhone 直接增长 700%，成为中国台湾地区股价最高的公司之一。显示屏玻璃供应商蓝思科技市值直接翻了一倍，芯片供应商台积电净利润增长了三倍，扬声器供应商瑞声科技收入增幅达到了 600%……类似的案例数不胜数（见表 1.2）。

表 1.2 部分供应商来自苹果公司的营收占比情况

公司名称	来自苹果的营收占比
Cirrus Logic	79.00%
Dialog Semiconductor plc	74.30%
Cungho Online Entertainment	54.10%
Japan Display Inc.	53.80%
Glu Mobile Inc.	52.70%
COLOPL, Inc.	49.40%
KLab Inc.	47.80%
Zynga Inc. Class A	46.00%
Imagination Technologies Group	45.20%
Invensense, Inc.	40.00%
Voltage Incorporation	39.40%
IGNIS LTD.	38.10%
Gumi, Inc.	37.70%
Foster Electric Company, Limited	37.40%
Qorvo Inc.	34.00%
NisshaCo. Ltd.	31.70%
Japan Aviation Electronics Insdustry, Limited	28.26%
Cave Interactive Co., Ltd.	27.70%

第 1 章
供应链金融创新的背景

(续)

公司名称	来自苹果的营收占比
Ateam Inc.	27.30%
Sharp Corporation	26.40%
InterDigital, Inc.	25.00%
Jabil Inc.	24.00%
ATARI	23.00%
GREE, Inc.	22.80%
NOK Corporation	20.80%
MinebeaMitsumi Inc.	19.70%
Cognex Corporation	19.00%
Knowles Corp.	17.00%
Marvelous Inc.	15.50%
TTM Technologies, Inc.	15.00%
Kingnet Network Co., Ltd. Class A	14.05%
Analog Devices, Inc.	14.00%
enish, Inc.	13.10%
ePlus Inc.	13.00%
BANDAI NAMCO Holdings Inc.	11.10%
Qualcomm	10.00%

目前有 36 家上市公司都非常依赖于苹果的订单,他们至少有 10% 的营收都来自于这家公司。以 Imagination Technologies Group 为例,该公司 45% 的营收来自于苹果。

由此可见,iPhone 的成功既是优秀供应链创造的,同时 iPhone 也为供应链上所有厂商创造了巨大的价值。

优秀的供应链不只苹果公司一家,其共同点是创造价值,只有能为供应链上所有厂商创造价值,供应链的价值才能最大化。

1.2 伟大供应链的挑战——中小企业融资难

1.2.1 什么是中小企业

不同的国家、不同的经济体，处在不同经济发展的阶段，不同行业对中小企业界定的标准不尽相同，且随着经济的发展而动态变化。各国一般从质和量两个方面对中小企业进行定义，质的指标主要包括企业的组织形式、融资方式及所处行业地位等，量的指标则主要包括雇员人数、实收资本、资产总值等。量的指标较质的指标更为直观，数据选取容易，大多数国家都以量的标准进行划分，如《美国小企业法》对中小企业的界定标准为雇员人数不超过 500 人，英国、欧盟等在采取量的指标的同时，也以质的指标作为辅助。

我国对于中小企业的界定经过前后共六次较大的调整，最新的标准是 2011 年 6 月工业和信息化部、国家统计局、国家发展和改革委员会、财政部根据《中华人民共和国中小企业促进法》和《国务院关于进一步促进中小企业发展的若干意见》制定的标准。具体标准如表 1.3 所示。

表 1.3 我国中小微企业的划分标准

行业	中型企业			小型企业			微型企业		
	从业人员（人）	营业收入（万元）	资产总额（万元）	从业人员（人）	营业收入（万元）	资产总额（万元）	从业人员（人）	营业收入（万元）	资产总额（万元）
农业	—	<20000 ≥500	—	—	<500 ≥50	—	—	<50	—
工业	<1000 ≥300	<40000 ≥2000	—	<300 ≥20	<2000 ≥300	—	<20	<300	—

第 1 章
供应链金融创新的背景

(续)

行业	中型企业			小型企业			微型企业		
	从业人员（人）	营业收入（万元）	资产总额（万元）	从业人员（人）	营业收入（万元）	资产总额（万元）	从业人员（人）	营业收入（万元）	资产总额（万元）
建筑业	—	<80000 ≥6000	<80000 ≥5000	—	<6000 ≥300	<5000 ≥300	—	<300	<300
零售业	<300 ≥50	<20000 ≥500	—	<50 ≥10	<500 ≥100	—	<10	<100	—
批发业	<200 ≥20	<40000 ≥5000	—	<20 ≥5	<5000 ≥1000	—	<5	<1000	—
交通运输业	<1000 ≥300	<30000 ≥3000	—	<300 ≥20	<3000 ≥200	—	<20	<200	—
仓储业	<200 ≥100	<30000 ≥1000	—	<100 ≥20	<1000 ≥100	—	<20	<100	—
邮政业	<1000 ≥300	<30000 ≥2000	—	<300 ≥20	<2000 ≥100	—	<20	<100	—
住宿业	<300 ≥100	<10000 ≥2000	—	<100 ≥10	<2000 ≥100	—	<10	<100	—
餐饮业	<300 ≥100	<10000 ≥2000	—	<100 ≥10	<2000 ≥100	—	<10	<100	—
信息传输业	<2000 ≥100	<100000 ≥1000	—	<100 ≥10	<1000 ≥100	—	<10	<100	—
软件和信息技术服务业	<300 ≥100	<10000 ≥1000	—	<100 ≥10	<1000 ≥100	—	<10	<100	—

(续)

行业	中型企业			小型企业			微型企业		
	从业人员（人）	营业收入（万元）	资产总额（万元）	从业人员（人）	营业收入（万元）	资产总额（万元）	从业人员（人）	营业收入（万元）	资产总额（万元）
房地产开发	—	<200000 ≥1000	<10000 ≥5000	—	<1000 ≥100	<5000 ≥2000	—	<100	<2000
物业管理	<1000 ≥300	<5000 ≥1000	—	<300 ≥100	<1000 ≥500	—	<100	<500	—
租赁和商务服务业	<300 ≥100	<120000 ≥8000	—	<100 ≥10	<8000 ≥100	—	<10	<100	—
其他未列明行业	<300 ≥100	—	—	<100 ≥10	—	—	<10	—	—

数据来源：图表数据根据 2011 年四部委制定的《中小企业划型标准规定》中对各行业中小微企业的界定整理得出。

需要根据从业人员、营业收入和资产总额中的两个标准进行划分，其最上限和最下限是或的关系，中间均为且的关系。以工业为例，从业人员 1000 人以下或营业收入 40000 万元以下的为中小微企业。其中，从业人员 300 人及以上，且营业收入 2000 万元及以上的为中型企业；从业人员 20 人及以上，且营业收入 300 万元及以上的为小型企业；从业人员 20 人以下或营业收入 300 万元以下的为微型企业。

1.2.2 中小企业在国民经济中的地位突出

中小企业是我国经济增长、社会发展、就业容纳和科技创新的重要力量，是国民经济发展中不可或缺的组成部分。根据国家统计局的数据，2018 年年末，工业中小企业 36.9 万户，占全部规模以上工业企业户数的 97.6%。其中，中型企业 5.0 万户，占企业户数的 13.2%；小型企业 31.9 万户，占 84.4% 见图（见图 1.1）。

第 1 章
供应链金融创新的背景

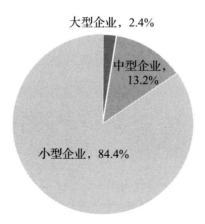

图 1.1　2018 年年末中小企业户数占比全部企业情况
数据来源：国家统计局。

根据工业和信息化部（以下简称工信部）中小企业局的调查，2018 年，我国中小企业实现主营业务收入 57.9 万亿元，占规模以上企业主营业务收入的比重为 56.7%，同比增长 8.4%，增速比上年回落 0.8 个百分点；比同期规模以上企业增速（8.5%）低 0.1 个百分点，比大型工业企业增速（8.7%）低 0.3 个百分点。其中，中型企业实现主营业务收入 23.3 万亿元，同比增长 8.7%；小型企业主营业务收入 34.7 万亿元，增长 8.1%。图 1.2 给出了 2013—2018 年我国中小企业主营业务收入情况。

2018 年我国中小企业实现利润总额 3.4 万亿元（见图 1.3），占规模以上企业利润总额的 51.6%，同比增长 9.7%，增速比上年回落 5.1 个百分点；比同期规模以上企业增速（10.3%）低 0.6 个百分点，比同期大型企业增速（9.2%）高 0.5 个百分点。其中，中型企业利润总额 1.6 万亿元，同比增长 11.0%；小型企业利润总额 1.9 万亿元，同比增长 11.8%。

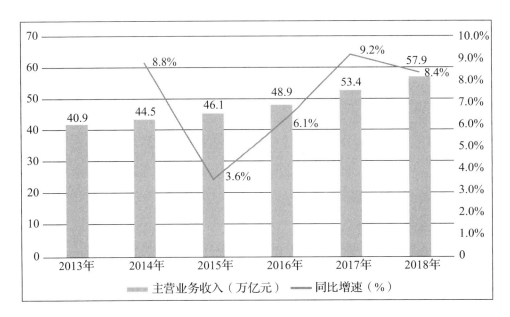

图 1.2 2013—2018 年我国中小企业主营业务收入

数据来源：工信部中小企业局。

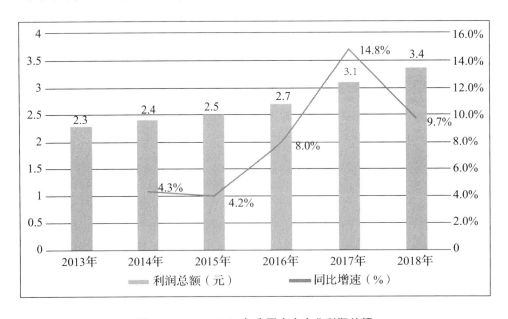

图 1.3 2013—2018 年我国中小企业利润总额

数据来源：工信部中小企业局。

由此可见，中小企业是我国经济的重要组成部分，为经济做出了巨大贡献，我国经济的快速发展离不开中小企业。

1.2.3 中小企业融资状况不容乐观

和中小企业在我国经济中做出的巨大贡献不相符的是，中小企业获得的支持显著不足，特别是在融资方面。

工信部中小企业局的调查显示，有融资需求的中小企业中，有38.8%的企业融资需求没有得到满足，部分金融机构对于中小企业惜贷、压贷、抽贷、断贷的情况时有发生。银保监会的数据显示，截至2018年年末，全国小微企业贷款余额33.49万亿元，占各项贷款余额的23.81%。

近年来小微企业发展迅速，在经济发展中发挥着非常重要的作用，小微企业是发展的生力军、就业的主渠道、创新的重要源泉。截至2017年年末，我国小微企业法人约有2800万户，个体工商户约6200万户，中小微企业（含个体工商户）占全部市场主体的比重超过90%，贡献了全国80%以上的就业岗位，70%以上的发明专利，60%以上的GDP和50%以上的税收。

央行和银保监会发布的《中国小微企业金融服务报告（2018）》显示，从服务覆盖面上看，截至2018年年末，小微企业法人贷款授信237万户，同比增加56万户，增长30.9%，但是贷款授信户数仍仅占小微企业法人总户数的18%；从贷款余额上看，截至2018年年末，我国小微企业法人贷款余额26万亿元，占全部企业贷款的32.1%，但其中，单户授信500万元以下的小微企业贷款余额仅1.83万亿元，普惠小微贷款余额8万亿元。以上数据说明了小微企业在融资中处于弱势地位，其所获得的融资支持与其国民经济地位之间存在差距。

清华大学2018年发布的社会融资成本指数显示，当前我国社会融资平均成本为7.6%。但是资金成本较低的银行贷款、企业发债、上市公司股权质押等渠道是央企、上市公司等大型企业主要享有的，对于大部分中小微企业而言，银行贷款的可获得性并不高。中小微企业更多地依靠保理、小贷公司、网贷等资金成本较高的方式获得融资（见表 1.4）。

表 1.4 中国社会融资成本构成表

主要融资主体	社会融资类型	平均融资成本	占比
央企 政府平台 上市公司	银行贷款	6.60%	54.84%
	承兑汇票	5.19%	11.26%
	企业发债	6.68%	16.50%
	上市公司股权质押	7.24%	3.39%
	融资性信托	9.25%	7.66%
	融资租赁	10.70%	3.95%
中小企业 非上市民营企业	保理	12.10%	0.43%
	小贷公司	21.90%	0.87%
	互联网金融（网贷）	21.00%	1.10%
总体状况		7.16%	100.00%

资料来源：清华大学 2018 年发布的社会融资成本指数。

2020 年年初开始爆发的新型冠状病毒肺炎疫情使得中小企业的情况雪上加霜。根据清华大学经济管理学院朱武祥教授等对 995 家中小企业进行的调查显示，受疫情影响，34% 的企业只能维持 1 个月，33.1% 的企业可以维持 2 个月，17.91% 的企业可以维持 3 个月。

1.2.4　全球中小企业融资难现象日益加剧

根据全球供应链金融论坛（GSCFF，2015）的报告，1978—2013 年间，国际贸易的资金结算方式逐渐从信用证（L/C）转向了赊销（Open Account），而国际商会 2018 年的报告指出，目前约有 80% 的国际贸易采用赊销方式，中小供应商的资金压力逐渐加重。该报告还指出，全球主要银行已撤出发展中市场，从而限制了获得贸易融资的机会，贸易融资的缺口扩大至 1.5 万亿美元左右，中小型企业均受到不同程度的冲击，超过一半的中小型企业贸易融资需求被银行拒之门外，其中超过 70% 的中小型企业无任何其他可获取融资的渠道。同时，全球信用保险领导企业科法斯 2019 年 7 月发布的调查报告显示，亚太地区企业 2018 年普遍面临较大压力，平均信用期限从 2017 年的 64 天增加到 2018 年的 69 天，平均逾期付款时间也从 2017 年的 84 天增至 2018 年的 88 天。而中国企业的表现则更加糟糕，平均信用期限从 2017 年的 76 天上升到了 2018 年的 86 天，愿意提供信用账期的企业从 2017 年的 73.6% 下降到了 2018 年的 67.3%，62.9% 的企业遭遇过逾期付款，40% 的企业逾期付款时间增加，平均逾期时间超过 90 天的企业高达 38.8%，超长期逾期付款且拖欠付款金额占企业营收比超过 2% 的企业高达 55.3%。

中小企业不仅在国民经济中发挥着巨大的作用，各种供应链中也存在着大量的中小企业，有着不可替代的角色和作用，中小企业的融资困难，势必会影响其功能的发挥，最终对供应链绩效造成不良影响，因此中小企业融资难的情况是对供应链绩效的一大威胁。

1.3 可行的解决方案——供应链金融

近年来，由于在金融服务实体中发挥了重要作用且潜力巨大，供应链金融在全球迅速发展。特别是，供应链金融日益成为解决中小企业融资难、融资贵的重要手段。

1.3.1 供应链金融发展的背景

供应链金融的诞生就是为了解决供应链中资金流梗阻以及资金的短缺问题，资金的短缺和资金流的梗阻多发生在供应链中的中小微企业所在的环节。

换言之，供应链金融诞生的主要原因是供应链中的中小微企业融资难、融资贵。伴随着新一轮全球化发展和科技革命的兴起，全球开放化和金融科技赋能供应链，供应链金融日益成为拓展中小企业融资的重要渠道之一。新的趋势从宏、中、微三个层次为供应链金融的发展提供基础。

宏观基础

贸易全球化的趋势造就了新的贸易融资模式。国际贸易的全球化趋势带来了金融的全球化，贸易的全球化趋势势必要求金融市场以供应链为中心提供灵活、高效、可持续性的融资产品或服务。

供应链金融已上升至国家战略层面。中小企业融资难是驱动供应链金融发展的内生动力。为解决中小企业融资问题，2017年，国务院办公厅发布了《关于积极推进供应链创新与应用的指导意见》，提出要积极稳妥地发展供应链金融，这也是国家首次为供应链金融的发展指明方向。

产业基础

"产业+金融+科技"的新型产业生态化供应链金融。金融科技推动数字化、信息化和互联网的发展，使得供应链的流程、渠道和结构发生改变，进一步加强了金融资本与实体经济的产融协作，构筑金融、企业和供应链的互利共存、协同发展，从而诞生了"产业+金融+科技"的可持续发展的新型产业生态圈。

微观基础

结构需求融资。由于供应链独有的特性，企业存在交易支出与收入的时间差问题，从而造成短期资金缺口进而影响企业的正常运营，结构性融资需求由此诞生。

供应链管理重要性凸显。根据中产调研网《2019年供应链金融市场调研报告》，2004年30%的企业家重视供应链管理；2012年，该比例上升至

第1章
供应链金融创新的背景

50%；直至 2019 年，70% 的企业认为供应链管理是企业最重要的核心竞争力，只有在健全的供应链管理基础上才能提供低成本的融资服务。

1.3.2 供应链金融发展的环境

政策环境

近年来，我国政府部门已多次在国家政策文件中强调了供应链金融的作用。2017 年，中国人民银行等五部门发布《关于金融支持制造强国建设的指导意见》；2017 年，国务院办公厅发布《关于积极推进供应链创新与应用的指导意见》；2018 年，《商务部等 8 部门关于开展供应链创新与应用试点的通知》《关于全国供应链创新与应用试点城市和企业评审结果的公示》。从文件描述中也可以发现政府部门对供应链金融越来越重视，起初只是在文件中表示鼓励"应收账款融资、票据贴现、仓单质押、信用证项下融资"等业务的发展，到了 2017 年 10 月，国务院办公厅发布的《关于积极推进供应链创新与应用的指导意见》中则将"积极稳妥发展供应链金融"作为六大任务之一，这标志着我国政府已将供应链金融的发展上升到了前所未有的高度。2019 年 1 月 14 日，深圳首发国内地方性供应链金融发展指导文件，成为全国供应链创新城市的风向标。2019 年 2 月 14 日，中共中央办公厅国务院办公厅出台《关于加强金融服务民营企业的若干意见》金融赋能产业迎来新的落地指引。同年 2 月 18 日，《粤港澳大湾区发展规划纲要》发布，供给侧结构性改革、金融科技、风险防范等被写入纲要。表 1.5 给出了从 2014 年至今我国出台的供应链金融政策。

表 1.5 我国供应链金融政策汇总

时间	政策名称	下发部门
2014.09	《物流业发展中长期规划（2014—2020 年）》	国务院

(续)

时间	政策名称	下发部门
2015.05	《关于大力发展电子商务加快培育经济新动力的意见》	国务院
2015.09	《关于推进线上线下互动加快商贸流通创新发展转型升级的意见》	国务院办公厅
2015.11	《工业和信息化部关于贯彻落实》＜国务院关于积极推进"互联网+"行动的指导意见＞的行动计划（2015—2018）》	工业和信息化部
2016.02	《关于金融支持工业稳增长调结构增效益的若干意见》	中国人民银行等八部委
2016.09	《物流业降本增效专项行动方案（2016—2018年）》	国家发展改革委
2016.11	《国内贸易流通"十三五"发展规划》	商务部、国家发展改革委、中国人民银行等10部门
2017.01	《商贸物流发展"十三五"规划》	商务部、国家发展改革委等五部门
2017.03	《关于金融支持制造强国建设的指导意见》	中国人民银行、工业和信息化部等五部门
2017.04	《小微企业应收账款融资专项行动工作方案（2017—2019年）》	中国人民银行、工业和信息化部、财政部、商务部等多部门
2017.08	《关于进一步推进物流降本增效促进实体经济发展的意见》	国务院办公厅
2017.10	《关于积极推进供应链创新与应用的指导意见》	国务院办公厅
2018.04	《关于开展供应链创新与应用试点的通知》	商务部等八部门
2018.10	《商务部等八部门关于公布全国供应链创新与应用试点城市和试点企业名单的通知》	商务部等八部门
2019.02	《关于加强金融服务民营企业的若干意见》	中共中央办公厅、国务院办公厅

(续)

时间	政策名称	下发部门
2019.04	《关于促进中小企业健康发展的指导意见》	中共中央办公厅、国务院
2019.07	《中国银保监会办公厅关于推动供应链金融服务实体经济的指导意见》	中国银保监会
2020.02	《标准化票据管理办法（征求意见稿）》	中国人民银行

资料来源：根据同盾科技《供应链金融创新发展报告（2019）》、鲸准研究院《2019中国供应链金融行业发展报告》整理。

地方层面，为贯彻落实《关于积极推进供应链创新与应用的指导意见》，各地区纷纷响应跟进，重庆、天津、上海、陕西、江苏、广东等省（市、区）分别出台了相应的具体分工落实政策。如2018年3月，重庆市人民政府办公厅发布《重庆市人民政府办公厅关于贯彻落实推进供应链创新与应用指导意见任务分工的通知》。同年4月，天津市人民政府办公厅出台《天津市人民政府办公厅关于深入推进供应链创新与应用的实施意见》。同时，在国家供应链创新与应用55个示范城市和266家试点企业的基础上，各地方政府也根据各自的产业集群和区域经济特色确定了地方进一步的培育重点和发展目标。例如2019年8月，浙江省发布了《浙江省人民政府办公厅关于积极推进供应链创新与应用的实施意见》；2019年10月，江苏省评审公示确定江苏伊斯特威尔供应链管理有限公司等125家企业以及原定33家国家试点企业为江苏省第一批重点培育企业。各地方政府正以试点或重点培育城市、企业、产业链为抓手，出台激励政策给出目标引导，成为近年来推动供应链金融发展的重要推动力量。

经济环境

我国金融服务供给总量充足，但存在供给侧结构问题。据国家统计局公布的数据，2018年我国金融业增加值占GDP的比重为7.68%，比2015年的8.44%的历史峰值有所下降。但跟历史过往相比，仍然处在一个相对高的水平。相较而言，2017年美国金融业增加值占GDP的比重为7.5%，并且近十年这一数据也没有超过8%。可见，我国金融服务供给总量是充足的。从金融机构数量来看，除六大国有银行外，还有数千家遍布各地的中小商业银行，金融服务供给相对充裕。

虽然金融服务供给总量充沛，但存在内部结构的不均衡现象。首先，金融市场结构不均衡，以银行为主的间接融资比重远高于直接融资。其次，现有银行体系内部供给结构不均衡，对中小微企业的供给不足。最后，产品与服务的结构不均衡。总行是产品与服务的设计者，各地分支机构往往难以根据各地经济特点做适应性改造，普遍存在产品单一、同质的现象，难以精准满足实际市场中不同规模级别和不同行业业务特点的客户差异化需求。

政府进一步加大力度，解决中小微企业融资难、融资贵的问题。 2018年6月20日，李克强总理主持召开国务院常务会议，部署进一步缓解小微企业融资难、融资贵问题的工作。2018年8月，国务院金融稳定发展委员会召开第二次会议，会议强调在流动性总量保持合理充裕的条件下，面对实体经济融资难、融资贵的问题，必须更加重视打通货币政策传导机制，提高服务实体经济的能力和水平。随后，中国银保监会接连出台政策，并表示将不断出台政策打通货币政策传导机制。

大企业"爆雷""违约"事件频现。 一方面，当前我国国内经济疲软，全球竞争日益激烈；另一方面，我国仍处在转型升级的关键时期，供给侧改革还在推进当中。不少大型集团、上市公司也出现了较大的发展压力，"爆雷""违约"事件频频发生。当前众多大企业出现危机有很多原因，包括市场的不景气、资金链与杠杆问题、政治与政策影响、内部管理运营问题等，除了政治与政策所带来的系统性风险和企业内部管理运营问题，其他问题都可以归

第 1 章
供应链金融创新的背景

结为供应链的竞争力出现了问题,即企业所处的整条供应链甚至整个产业生态出现了问题,单一节点、单一环节的问题传导到了其他的节点与环节。

金融环境

在"防范化解重大风险"任务完成前,我国的金融监管不会松懈。

类金融机构监管。2018年4月,商务部印发通知,明确自4月20日起将制定融资租赁公司、商业保理公司、典当行业务经营和监管规则的职责划给中国银保监会。当前,中国银保监会开始密集对上述行业进行摸底调研、开会研讨。在摸底调研的基础上,中国银保监会酝酿新的监管文件,类金融行业将迎来强化监管的新监管时代。未来这三个行业将面临更加规范、严格的监管,短期内机构准入、业务发展可能受到一定影响,长期看行业发展将更加健康稳健。

银行业监管。近年来银行频"爆雷",内控不足、制度执行不到位是大部分违规事件产生的根源,中国银保监会也频频开出大额罚单。数次的天价处罚,不仅能调整资金的流向,更重要的则是打击跨领域的金融违规,为整个金融体系设立防火墙,避免爆发跨领域的金融风险。

资管新规。监管层出台资管新规,统一资管业务规则和标准,消除多层嵌套和通道,打破刚性兑付,规范资金池,整治金融乱象。

严厉整治互联网金融,严格规范民间借贷行为。可以预见,在"防范化解重大风险"任务完成前,我国的金融监管不会松懈。

科技银行之路。以大数据、云计算、区块链等为代表的新兴科技与金融业的深度融合正推动着传统金融业步入转型发展的快车道。金融与科技的融合已不仅仅停留在技术层面,更体现为思维、理念、业务模式、管理模式等全方位的融合。当前,越来越多的银行成立了自己的金融科技子公司,同时也有众多银行积极与第三方金融科技机构合作。依据商业的定位和目的,对银行直接设立的金融科技子公司可进一步细分为IT部门独立型、金融科技输出型、集团融合型三类。银行与第三方金融科技机构合作中，主要看中其风控应用，而在获客、信贷业务方面的合作则没那么积极。

产业环境

我国供应链管理发展不够成熟，供应链体系尚未完整建立，造成了整个供应链效率、管理效率水平较发达国家偏低。2010—2018年，我国社会物流总费用从7.1万亿元上升至13.3万亿元，社会物流总费用占GDP的比例虽较几年前有所下降，但仍高达14.8%，远高于欧美国家的7%~8%的水平。金融领域，一方面银行等金融机构面临国家提出的助力实体经济特别是小微企业发展要求的现实压力，另一方面发力B端企业金融市场是众多金融机构的重要战略选择。在互联网及移动互联时代，互联网给生活和业界带来了巨大变化，人们见证了大、小巨头（BATJ——百度、阿里巴巴、腾讯、京东；TMD——头条、美团、滴滴）的顺势崛起，也亲历了移动支付的全面渗透给生活带来的种种便利。在金融服务领域，移动支付C端入口被AT（阿里巴巴、腾讯）平分，网络效应带来的市场垄断，使得一众金融机构有心无力。为避免重蹈覆辙，在B端企业金融市场抢先发力占据属于自己的一席之地是银行等金融机构的不二选择。

近年来，以大数据、云计算、人工智能等为代表的金融科技的发展，改变了传统金融的信息采集、客户触达、风险控制的手段和方式。在新的形势下，银行业为了保持竞争力，一方面必须要夯实其数字化能力基础，另一方面需要升级服务理念，积极主动推进金融服务与各产业链的融合，为企业客户提供更优的服务体验。

供应链金融成为银行等金融机构发力B端金融业务的重要抓手和业务切入点。

技术环境

近年来，金融科技的发展体现出以下特点。

大数据及数据的智能分析。数据的价值已经深入人心，各种类型的数据正在不断地积累，金融领域出现了越来越多利用大数据进行风控的企业。但还存在一些问题：消费端数据量大，但企业端数据量还不足；线上场景数据多，线下场景数据不足；政府掌握数据量大，但各部门数据割裂；个别分散度较高的行业数据沉淀已有一定规模；公共数据资源开放度不足，与企业数据资源开放共享相关的法律法规、标准以及商业机制还不够成熟。

区块链技术的出现和在金融领域的应用相对大数据更晚，但相对大数据＋人工智能，其价值能更快得到认可，主要是由于区块链与金融，尤其是供应链金融的天然适配，并得益于区块链＋供应链金融的模式创新。但区块链＋供应链金融当前在技术的可靠性上、商业利益分配机制与模式上、市场认知上、监管规范上都还没达到普及应用的程度。不过鉴于区块链在金融领域的不可估量的价值，已经有不少企业，在积极探索、研发与应用区块链技术。

区块链、大数据＋人工智能、物联网技术的融合应用与创新也是一大趋势，不同的技术发挥不同的效能，使数据得以收集、存储、保真、分析、应用，未来将极大地提升金融的获客能力、服务能力、风控能力。

1.3.3 供应链金融的内涵

前文介绍了供应链金融的主要作用和使命是解决中小企业融资难的问题以及供应链金融发展的背景，接下来我们需要搞清楚什么是供应链金融。为了探究什么是供应链金融，我们必须依次搞清楚什么是供应链，什么是供应链管理，什么是供应链金融。

供应链

2017年国务院办公厅发布的《关于积极推进供应链创新与应用的指导意见》（国办发〔2017〕84号）明确了供应链的定义：供应链是以客户需求为导向，以提高质量和效率为目标，以整合资源为手段，实现产品设计、采购、生产、销售、服务等全过程高效协同的组织形态。

供应链管理

供应链管理（Supply Chain Management，SCM）在 1985 年由迈克尔·波特（Michael E. Porter）提出，有多种不同的定义。美国供应链专业协会的定义为：供应链管理包括规划和管理供应链采购、转换（即加工生产）和所有物流活动，尤其是渠道成员（包括供应商、中间商、第三方提供商、客户）的协调和合作，从本质上讲，供应链管理是对企业内外供应和需求的全面整合。

根据清华大学的研究报告，供应链管理是指对由供应商、制造商、分销商、零售商到客户所构成网络中的物流、商流、信息流以及资金流（合称"四流"）进行计划、协调、操作、控制和优化的过程。集成管理的主要目的是将供应链上的各个企业连接起来，使他们分担的采购、生产和销售等各项职能协调发展，让整个供应链成为一个有机的整体，从而提高产品或服务的质量，提高客户满意程度并降低相关成本。供应链中的活动包括：订单处理、原材料和在制品存储、生产计划、作业排序、货物运输、产品库存、顾客服务等。以往行业内企业间的竞争逐渐转变为供应链之间的竞争（见图1.4）。

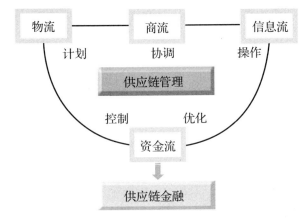

图 1.4　供应链管理与供应链金融的关系

资料来源：清华大学《2019 区块链与供应链金融报告》。

第 1 章
供应链金融创新的背景

资金流是企业的血液，企业资金流的状况将会决定企业的命运。由于企业资金的支出和收入往往发生在不同的时刻，导致企业在运行过程中会产生现金流缺口。以生产型企业单阶段生产周期的资金需求来看，融资需求可能发生在接受订单的同时，因为订单项下所需要的原材料采购预付款很可能超过了企业的自有资金。在此之后的生产阶段，企业一方面产生持有原材料等投入性库存，另一方面不断产生半成品和产成品库存。同时，企业还需要向原材料等供应商结清货款，资金需求继续上升，并达到整个周期的峰值。接下来，企业开始向下游发货，产生应收账款。随着应收账款的回流，企业的资金需求也随之回落。在供应链中，各企业实力强弱的不同导致它们在交易过程中并不处在完全平等的地位，处于弱势的中小企业的现金流缺口有其自身特点。现代供应链管理是一个复杂的经营和管理过程，几乎每一个供应链运营的环节都会伴随着大量的金融活动，供应链金融应运而生（见图 1.5）。

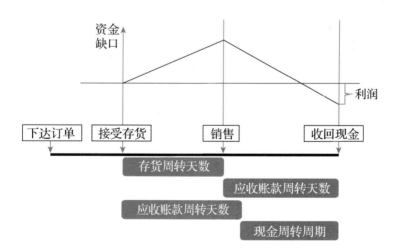

图 1.5　供应链运营环节中的大量金融活动

资料来源：清华大学《2019 区块链与供应链金融报告》。

供应链金融

霍夫曼（Hofmann，2005）认为，供应链金融位于物流、供应链管理和协作、财务的交汇处，是同一条供应链中包括外部服务商在内的两个或两个以上的组织，共同通过计划、执行和控制金融资源在组织间的流动，以创造价值的一种方法。

供应链金融处在与供应链周期相关的金融服务的前沿领域。这些服务主要由金融机构提供，基于公司之间交易的文件、订单和合同，给予这些公司更好的付款条件，使之获得更便宜的融资形式而产生流动性，增加其运营资本。

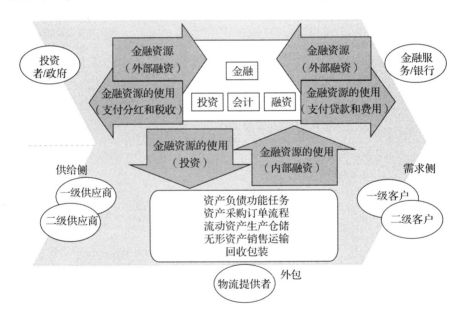

图1.6　供应链金融方法

资料来源：Hofmann E., Supply Chain Finance: some conceptual insights, Logitics Management, 2005: 203-214.

根据全球供应链金融论坛的标准，为了说明供应链金融的作用，理解实体供应链与金融供应链之间的关系是非常重要的。

实体供应链（PSC）是指将一种产品或服务由卖家转移到买家过程中所

第 1 章
供应链金融创新的背景

涵盖的组织、人员、活动、信息及资源而构成的一套系统,这种转移可能发生在国内,也可能跨越国境。实体供应链活动将自然资源、原材料和零件转换成半成品或成品交付给终端客户。它是引起金融需求和受金融供应链活动支持的经济机能的潜在基础。实体供应链管理是指涵盖在管理实体供应链中的管理活动。

金融供应链(FSC)是指为实体供应链参与者提供金融支持的金融程序、事件和活动而构成的一个链条。金融供应链管理是指一系列促成购买、销售和支付货物或服务的公司管理实务,例如确定合同框架、发送订单和发票、匹配收发货物、监控现金回收等活动、发展支持技术、管理流动性和运营资本、使用保险和保函等风险缓释措施以及管理付款和现金流。金融供应链管理涵盖一系列满足金融供应链需求的贡献者的协作,例如公司内部职能口的人员、贸易各方以及供应链自动化领域和金融服务全领域的服务供应商。供应链金融是支持金融供应链的服务集群。

根据全球供应链金融论坛的标准,供应链金融的定义可以遵循如图 1.7 所示的框架:

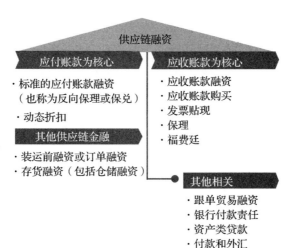

图 1.7　供应链金融框架

资料来源:欧洲银行协会《供应链金融市场指南》,2014。

根据全球供应链金融论坛的标准，供应链金融是指利用融资和风险缓释的措施和技术，对投放到供应链流程和交易中的营运资本和流动资金进行优化管理。供应链金融通常用于供应链活动触发的赊销交易。贸易流对融资提供者的可见性，是达成该项融资安排的必要因素，这可以通过一个技术平台来实现。

通过该定义，我们可以发现供应链金融的几个要点。

组合：供应链金融指一系列金融和风险缓释技术及实务的组合，支持着国内外端到端业务的整个供应和分销链条中的贸易流和资金流。它强调一个"整体"的概念，包括广泛的已创建的和发展中的融资和风险管理技术。

赊销：供应链金融通常（但不仅仅）应用于赊销贸易。赊销贸易指买卖双方之间的贸易交易，该交易没有买方或卖方出具的任何银行信用工具或跟单贸易工具的支持，买方直接承担该笔基础交易相关的付款责任。交易当事方基于赊销条件供应或购买商品或服务时，通常会开具发票，买方则在商定的时间范围内进行支付。赊销条件可以与基于预付款交易或采用信用证等付款保障工具的贸易形成对比。

当事方：供应链金融交易的当事方，包括在供应链上下游相互交易并协作的买方和卖方。这些当事方根据需求与融资提供方合作，利用各种供应链金融技术及其他形式的融资来筹集资金。当事方，尤其是"核心"企业往往会基于其财务实力设定改善供应链的稳定性、流动性、财务业绩、风险管理水平和优化资产负债表的目标。

事件驱动：融资提供方为基于订单、发票、应收账款、其他债权及供应链中相关装运前后的金融需求提供服务。因此，供应链金融在很大程度上是由"事件驱动"的。金融供应链中的每次介入（融资、风险缓释或支付）都是由实体供应链中某一事件或触发条件驱动的。实体供应链中先进技术的发展和追踪及控制事件的业务流程，为在相关金融供应链中自动触发供应链金融的介入创造了机会。

发展性和灵活性：供应链金融不是一个静态的概念，而是一套不断发展的、使用各种技术或将其组合起来的实务活动。其中某些技术已成熟，而有些是新生技术或前沿技术，或者现有技术的变形，也可能包括传统的贸易金融的使用。这些技术经常会互相组合或与其他金融和实体供应链服务结合使用。

1.3.4 供应链金融的发展历程

供应链金融平台化程度不断提高。供应链1.0阶段其主要特点为中心化模式以及围绕一个核心企业同时为供应链上的多个企业提供融资服务，以提高各企业间协同化运作的能力。供应链金融2.0阶段集物流、信息流和资金流为一体，采用线上模式，通过信息化减少"牛鞭效应"的影响。随着互联网技术的发展与应用，供应链金融进入3.0阶段，整体向平台化方向发展，主要解决信息不对称、配置缺位等问题。当前供应链金融进入智慧化4.0阶段，业务模式趋向于实时、定制、小额化，数据质押为创新产品模式，借助人工智能、区块链等技术实现了信息全集成与共享。未来金融供给者可以在产品模式、业务流程等各方面更加注重客户体验和个性化定制，使金融服务更加智慧化，服务理念彻底走向以客户为中心（见表1.6）。

表1.6 供应链金融的发展阶段

	供应链金融1.0	供应链金融2.0	供应链金融3.0	供应链金融4.0
关键特征	中心化	线上化	平台化	数字化
商业模式	传统供应链金融线下模式，以核心企业信用作为支持	通过ERP对接供应链的上下游及参与各方，整体服务线上化	依托互联网技术打造立体化综合服务平台	高度渗透细分行业领域，各个运营环节定制化、实时化、去中心化

(续)

	供应链金融1.0	供应链金融2.0	供应链金融3.0	供应链金融4.0
参与主体	银行	银行供应链参与者	银行供应链参与者平台搭建者	银行供应链参与者互联网金融参与者
技术应用	不动产抵押与信用评价	互联网技术动产质押	云技术应用数据风控模型	物联网、云计算、区块链数据质押
要素和信息流	强调有形要素，注重物联网中物的利用，重点关注资金的运用和偿还	提高对物流的关注度，注重供应链中各关节环节的信息掌握	清晰的交易结构和关系，信息来源和展现形式呈现出高度复杂性	在明确交易结构的同时，渗透到整个管理运营环节

资料来源：鲸准研究院《2019中国供应链金融行业发展报告》。

1.3.5 供应链金融的市场前景

据鲸准研究院预测，2020年中国供应链金融市场规模将达到15.86万亿元。在产融结合、脱虚向实的政策环境下，供应链金融以其对实体经济的强大支撑及赋能作用，迅速成为振兴实体经济、推动产业升级的重要抓手。目前，影响我国供应链金融市场规模的关键主体是核心企业。银行与非银金融机构作为资金方切入供应链金融领域，其业务场景以应收账款融资为主，存货类融资和预付账款融资为辅，为供应链上下游企业提供融资服务。那么以我国涉足供应链金融业务的上市企业的应收账款为切入点进行整个供应链金融行业的市场规模测算，并加入企业预付账款、存货类资产规模，一般而言，应收账款融资或预付账款融资的额度是账款总额的70%~80%，库存融资的额度是货物价值的30%~50%。结合上市公司应收账款、预付账款和存货三个供应链业务场景进行测算可知，2020年中国供应链金融市场规模将达15.86万亿元。随着现有参与者及新加入者深度渗透市场，未来供应链金融将迎来快速发展期，预计2022年有望达到19.19万亿元（见图1.8）。

第 1 章
供应链金融创新的背景

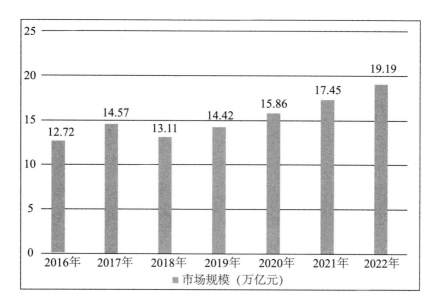

图 1.8　2016—2022 年中国供应链市场规模

资料来源：鲸准研究院《2019 中国供应链金融行业发展报告》。

Chapter Two

第 2 章

信用赋能的模式

Chapter Two

通过第1章的介绍,我们了解到伟大的企业能够持续地创造价值,而企业的竞争会升级为供应链的竞争,伟大的企业必须拥有卓越的供应链,但是链中的中小企业面临融资难、融资贵的挑战会使核心企业无法独善其身,供应链金融是有效的应对方案。那么供应链金融的生态系统是怎样的?其中的重要角色有哪些?信用中介是如何为中小企业进行信用赋能的?信用赋能的模式有几种?哪一种模式最值得我们关注?本章将会展开论述。

2.1 供应链金融生态系统

为了探究供应链信用赋能的模式,我们首先需要了解供应链金融生态系统的现状以及各个参与方之间的联系。供应链金融通常需要多个参与主体的协作推进,各参与主体/利益相关方共同构成了供应链金融的生态体系。对生态体系的分析,可以充分把握供应链金融的体系构成、功能定位、未来趋势前瞻。

第 2 章
信用赋能的模式

2.1.1 供应链金融生态系统全景

从全局看供应链金融行业不难发现，供应链金融是一种生态协作型的金融业务。也就是说，每一项供应链金融业务的运作，都至少需要三类角色通力协作，包括资金需求方、风险信息提取者和资金提供者。所以，在供应链金融业务过程中，各供应链金融利益相关方共同构成了供应链金融的商业生态系统。供应链金融生态系统包含八大类主体：供应链金融需求方、供应链上核心企业、供应链金融平台服务方、供应链金融科技服务企业、供应链金融机构、供应链金融基础设施服务商、行业协会和监管机构方。除了需求方和基础设施服务商外，其他主体在不同程度上担任客户资源汇集者、风险信号提取者、资金提供者的一个或多个角色。

我们可以勾勒出供应链金融生态系统，大致如图 2.1 所示。

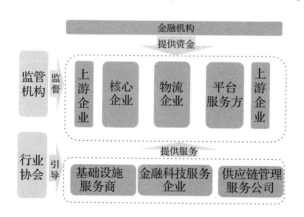

图 2.1 供应链金融生态体系概览图

资料来源：同盾科技《供应链金融创新发展报告（2019）》。

（1）金融机构，主要是银行等提供资金的机构，向供应链金融生态系统内注入流动性。

（2）供应链上的核心企业、各级上下游企业（以中小企业为主）、物流企业、平台服务方，共同构成了供应链中生产运营的核心体系。

(3)供应链管理服务公司、金融科技服务企业、基础设施服务商,负责为产业链上各企业提供各种供应链服务。

(4)监管机构、行业协会是供应链金融生态系统的重要环境因素,在生态中发挥监督作用和引导作用,提供相应的行业规范。

目前我国供应链金融发展到了平台化的阶段,按照各相关参与方在生态体系中所承担的责任和功能,平台的生态功能具体见图2.2。

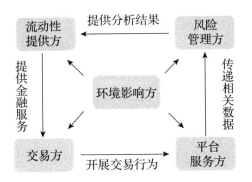

图2.2 供应链金融平台生态功能角色图

资料来源:同盾科技《供应链金融创新发展报告(2019)》

交易方、平台服务方、风险管理方、流动性提供方构成了平台化阶段供应链金融服务生态的四大主要角色,环境影响方为重要相关方。

交易方具体是指在供应链体系中因为开展具体业务而进行交易的两方或者多方。但是在供应链体系中,相互交易的多方地位并不平等,因为企业体量、所处环节和性质等多方面的差异,有些企业占据了较为强势的地位,甚至形成了买方垄断或者卖方垄断。在强势地位的基础上,这些企业拥有非常强的议价和定价能力,凭借自己的地位,会不断占用供应链中其他企业的资金,延长账期,以保证自己的现金流充足,而其交易对手获得的往往是应收账款和预付款等多种类型的非现金资产。因为没有获得现金资产,自身又需要运营资金,这些相对弱势的企业往往会出现资金短缺,形成巨大的短期融资需求。因此,供应链中的弱势企业,往往也是中小企业,供应链生态体系

第2章
信用赋能的模式

中的资金需求方。

平台方顾名思义是搭建了一个平台为供应链金融生态体系中的各个交易方提供互相交易的场所，连接交易方和流通性提供方。而作为平台服务方有两项非常重要的基本职责：一是能够准确处理有效整合后的各种数据、资讯、信息、材料并对各方形成有针对性的决策依据；二是能够有效地建立并维持各方的合作关系，形成合理、公平的利益分配方法，持续不断地吸引各方参与平台活动。

风险管理方的主要职责是预防和管控供应链金融生态中融资可能发生的各种风险。因此，风险管理方必须能够获得平台服务方提供的各方交易的数据，能够根据交易各方的资质和交易的情况，对其状态和行为进行有效的发现和监控。

流动性提供方一般即资金提供方，通常是银行等金融机构，因此其最基本的功能是向供应链金融生态中的资金需求方提供资金。但是提供资金并不是其全部的职责和功能，在目前的供应链生态系统中，流动性提供方通常需要提供的不仅仅是资金，还会包括诸如资产管理、理财和投资等多种金融服务，更为准确地说，流动性提供方提供的是包括各种必要的金融服务在内的一整套金融解决方案。同时，流动性提供方自己也应当具有极强的风险管控能力，因为其是流动性的风险承担方。所以，流动性提供方应当具有能够根据各种不同客户的需求和风险情况提供有针对性的个性化金融解决方案或产品的能力。

供应链金融生态系统所处的制度环境和技术环境极大地塑造了其形态，因此环境影响方是外部极其重要的角色。能够影响制度环境的主要是监管机构和行业协会这两类组织。而智能化技术的发展更是迅猛地改造了供应链金融生态系统所处的环境，能够影响技术环境的机构就更加繁杂，诸如科研机构、高校、基础设施服务商、金融科技公司和数据公司等。

以上所说的四大主要角色和一大外部环境影响者是从各自承担的责任和功能的角度进行划分的。但是在实际的业务中，由于一个具体的企业或组织，其拥有的资源和能力有所不同，也许会同时承担数个不同的角色。举例来说，在核心企业主导的供应链金融平台生态中，核心企业可能既是交易的参与方、平台的服务方，也可以凭借自己的信息和知识的优势，形成风控能力并向外输出，成为风险管理方；可以成立自己的金融子公司，充当流动性提供方的角色，后面我们还会进一步讲解这种模式。

平台服务方作为供应链金融生态系统的核心角色之一，由于充当平台服务方角色主体的资源与能力的不同，在产业链中所处位置的不同，由其建立和发展起来的供应链金融平台生态，所能吸引的资源、提供的具体业务模式、产品、风控都会呈现出很大的不同。因此，下文我们将聚焦供应链金融平台建设能力架构和供应链金融平台类型展开具体分析。

2.1.2 供应链金融平台能力解构

供应链金融是以产业供应链管理为基础的金融行为，本质上是依托供应链运营、开展金融业务，同时借助金融科技，结合金融业务创新和管理，以提高整个供应链资金的流动效率，推动产业供应链的发展，提升产业供应链的总体效率和竞争力。这一理解包含了以下几层含义。

（1）基础环境差异。供应链金融以产业供应链运营管理为基础，产业供应链运营管理水平高低、现有产业供应链数字化程度高低、未来数字化的难易程度和成本的高低都会对该产业的供应链金融产生重要影响，是供应链金融发展的基础环境。

（2）场景诉求差异。金融活动的开展是针对产业供应链的具体业务进行的，不同产业、不同环节的具体业务以及不同类型的参与主体会对金融服务有不同的痛点和价值诉求。

第2章
信用赋能的模式

（3）服务扩展创新。推动供应链金融的目的旨在优化整个产业的现金流，让利益各方以较低的成本实现更高效的生产运营，因此，供应链金融不仅仅是目前我们在实务中最常见的融资借贷服务，还应该包括更广义的金融服务和服务组合。这也是参与其中的银行等金融机构在供应链金融业务中利用自身优势实现产品和管理创新的立足点。

（4）实务交织关联。高效的供应链金融服务可以与产业供应链运营管理形成相互促进的良性循环，不仅能解决资金问题，还能帮助提升产业供应链整体竞争力，二者在实务层面紧密相关，相互影响，不可分开看待。

（5）科技助推的前提。供应链金融发展到平台化是金融科技助推的产物，继续向前进一步向智能化进阶，更是离不开行之有效的金融科技的运用和创新的推动。云计算、大数据、人工智能、区块链等大多数科技运用的前提是数字化。具体场景业务活动的数字化，是大数据、人工智能等的数据基础。对于供应链金融来说，如何推动产业供应链参与方的数字化，谁来承担产业数字化的成本是首先需要思考的问题。否则，供应链金融将无法跳出原来传统金融依靠主体财务信息和不动产抵押、担保的业务局限。

基于以上业务层面对供应链金融的解读，我们梳理总结了供应链金融平台建设的能力架构，如图2.3所示。值得注意的是：（1）这些能力可以是平台提供方自身的优势所在，也可以是平台提供方从能够撬动的合作伙伴资源处整合到平台上的能力。（2）这是一个相对理想状态的、比较完备的能力体系框架。这一方面意味着，出于技术和成本经济的现实考虑，实务中从业企业可能并不具备全部能力，但是这些企业完全可以以某一点为切入点先行开展业务，后续在摸索中逐步成长和完善。比如目前有不少金融机构首先选择搭建的应收账款链票据平台。另一方面也意味着，如果企业具备了建设供应链金融平台的相对完备能力体系，那么这些大部分能力就具备了可迁移性，最典型的是基础功能层的业务数字化能力、数据清洗整合能力、技术安全能力和产业场景解构能力都可以帮助企业在别的以数字化为基础的金融服务中取得优势，比如小微企业数据平台构建业务等。

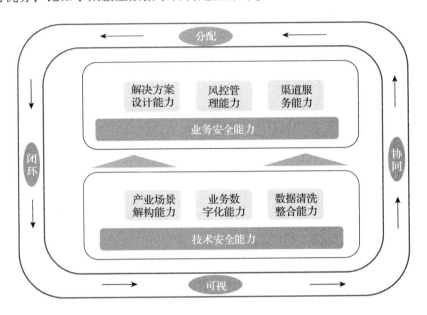

图 2.3　供应链金融平台建设能力架构图

资料来源：同盾科技《供应链金融创新发展报告（2019）》。

基础功能层

基础功能层主要强调在技术层面有效实现产业供应链的业务数字化和信息整合。基础功能层一般包括四种能力，具体如下：

（1）产业场景解构能力

由于供应链金融平台需要为所有产业链成员提供信息和集成服务，因此需要了解产业链成员的业务结构、业务特征、业务流程和业务风险，包括但不限于整个供应链的技术研发、物资采购、产品生产、分销物流、各类服务的分布状况、相互之间的关联和联动特点，从而进一步掌握具体业务环节的资金流动特性，各利益主体的诉求和痛点。这是帮助各类产业链成员相关业务进行有效数字化的前提。

第 2 章
信用赋能的模式

（2）业务数字化能力

在对产业具体业务场景解构的基础上实现业务的数字化。这一能力强调几个方面：①是否将关键业务节点信息真实有效地反映到了平台数据层面；②实现这一过程的成本，包括时间成本和金钱成本是否可以控制在经济可行的范围内。

（3）数据清洗整合能力

数据的集成、清洗、整合，是从业务层面对数据进行解析，为智能化决策提供支撑的重要前提。

（4）技术安全能力

技术安全能力是指平台技术所具有的稳定性、防攻击的能力。技术安全是平台构建的基础。基础功能层的（1）（2）（3）项能力方面，前一项的有效实施程度都会影响后一项实现的难易程度，前一项能力越强、实现得越好，后一项的实现难度就会相应地降低。最终基础功能层几项能力在平台对外展现的服务特性上，需要实现可靠性、开放性、标准化的平衡。

可靠性是指平台作为供应链金融各个参与主体互动的承接场所，需要在系统稳定性、平台技术安全性上有着较高的标准和要求，才能获得各参与方的信任，承载在此基础上的各种功能。

开放性是指平台应有开放式的系统架构设计，能够实现内外部的灵活对接，使内外部成员能够借助平台建立自身的供应链金融体系或模块，从而实现连接各类参与主体的全面开放。

标准化是指平台需要对接和集成产业供应链各成员的信息系统，在此基础上需要转化为统一、标准的信息格式，以便下一步整合利用。

业务服务层

业务服务层主要强调在金融服务层面有效地实现产业供应链的资金的快

速流动，从而促进整个产业供应链的提质增效。业务服务层一般包括以下四种能力。

(1) 解决方案设计能力

解决方案设计能力是为产业供应链各方提供与其具体业务场景相适配的金融服务解决方案。解决方案设计能力首先与平台的场景解构能力相关，需要深入理解产业供应链业务、流程和资金流动特点；其次，这需要平台本身或者能够整合的资源方，具备丰富的金融服务产品体系，才能为企业客户提供多样化选择的可能性。

(2) 风控管理能力

风控管理能力是根据平台上整合的结构化和非结构化信息，监控并管理金融服务中潜在的风险。风控管理能力与以下几个方面的要素息息相关：①平台所能获取和整合的数据信息的相关性、真实性、丰富性，数据的分析与建模、运用与控制，这里的数据信息不仅包括供应链运营的信息，还包括了客户企业和关联方的其他信息，如行业资质、历史违规行为等；②与解决方案设计相关的对业务结构的合理设计，即采用各种手段或组合化解可能存在的风险和不确定性，包括业务闭合性、交易流程的收入自偿导向、与企业运营管理流程结合的动产监管措施等；③与具体客户企业所在产业供应链深度相关的行业隐性认知，这些行业隐性认知能够帮助平台突破传统的企业财务信息的表象局限，提前发现一些与行业特性高度相关的隐藏风险点。

(3) 渠道服务能力

渠道服务能力是通过互联网化的渠道，快捷有效地和客户达成沟通，做好终端支持和服务的能力。

(4) 业务安全能力

业务安全能力是指平台上各相关参与主体的账户安全、数据安全、服务

第 2 章
信用赋能的模式

安全等,这是业务顺利开展的基础和保障。业务服务层的各项能力相互关联,并在一定程度上相互影响。在平台整体对外展现的服务特性上,需要实现穿透适配、动态快捷和微服务化。①穿透适配。穿透适配是指金融产品的设计,一方面要穿透到整个企业甚至产业供应链的运营,挖掘整个产业链的各个层级企业的联动需求,形成产业闭合,达到产业链的穿透适配;另一方面要综合考虑产业供应链某一节点单个企业的融资、现金管理、理财、保险等多方面的需求,以综合性金融服务解决方案的方式达到单个节点的产投适配。②动态快捷。动态快捷是指供应链金融平台需要快速构建适时的风控能力和与客户交互的能力。包括:动态的风控和授信策略,实现融资额度的实时更新和管理,银行账户接口实现及时放款到账;全线上操作与交互。当企业客户需求或状况发生变化时,快速响应企业客户需求。③微服务化。微服务化是指供应链金融平台需要对接多个金融机构的多样金融产品,既要达到差异化的穿透适配,又要实现动态快捷的管理和响应,唯有对金融产品进行微服务化解构,标准化封装,然后在具体场景中进行穿透适配的组合设计输出才能实现。

平台化配套

在前述能力的基础上搭建了供应链金融的基础设施框架,但要使供应链金融业务真正能够持续有效运转起来还需要相应的状态和条件配套。

(1)闭环。闭环是指平台要力争实现产业供应链的业务流程闭环。

(2)可视。可视是指平台要力争实现信息流、商流、物流、资金流的四流合一和可视化,增加各参与方之间的信任度,降低协作成本。

(3)协同。协同是指平台上各参与方的协同,要建立各方协作运行的规则,包括配套的正向激励和负向处罚措施。

(4)分配。分配是指需要建立平台上各参与主体之间合理的利益分配机制。

2.1.3 供应链金融平台类型解析

根据供应链金融平台生态所整合的主体环节的不同,我们将供应链金融平台体系大致划分为"两横一纵"的三个大类,如图2.4所示。

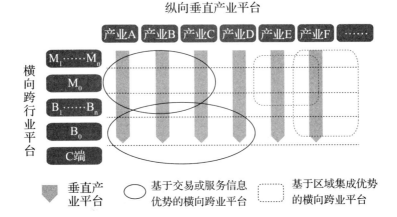

图 2.4 供应链金融平台类型体系图

资料来源:同盾科技《供应链金融创新发展报告(2019)》。

注:M_i 代表核心制造企业 M_0 的上游供应商企业,B_i 代表 M_0 的下游经销商企业,B_0 代表整合电商平台。

横向跨行业平台

横向跨行业平台是指横向跨多个行业形成的平台。此类平台一般是在特定条件下形成的,可以分为以下两种类型。

第一大类横向跨行业平台是基于交易或服务信息优势形成的横向跨行业平台。这类平台的主导方,通常是实体产业链中的交易参与方,或者与之有着紧密关系的生产性服务提供方。常见的有以下几类参与主体主导的供应链金融平台:

(1) B2C 电商企业主导的平台,例如京东、苏宁推出的供应链金融服务。

(2) 物流企业或供应链管理服务公司主导的平台。这里的物流企业或供应链管理服务公司主导的平台主要指依托其服务的行业客户优势，为客户所在行业提供供应链金融服务的平台（另有专注于为物流产业提供供应链金融服务的平台属于下述垂直产业平台）。例如怡亚通的供应链金融服务平台。

（3）信息软件服务商主导的平台。例如用友的供应链金融服务平台。

对于 B2C 电商企业，它们作为平台提供方的优势在于以下几个方面。

a. 本身有参与产业供应链的交易环节，具备一定的产业知识和产业客户积累（主要针对具有自营业务的电商）。

b. 在其之前发展业务的历程当中已经积累的大量产业供应链相关的数据信息，锁定了平台上的支付和交易，并且是作为主要力量推动了关联环节的信息化，这也成就了其产业话语权和影响力的一部分。

c. 对于不少大型电商平台而言，还进一步拓展了自有的仓储物流体系，进一步提升了平台与产业供应链的交互深度，拓展了平台可整合的信息维度和风控监管的手段。简而言之，类似于阿里巴巴、京东、苏宁这样的典型电商企业，切入供应链金融成为其业务发展到一定阶段后水到渠成的事情，也拥有别的平台难以企及和复制的优势，最主要是因为这类平台在前期电商业务发展的过程中已经有踏实的投入，做了"苦活""累活"，把交易、数据甚至仓储物流的基础设施都建设起来了。

对于物流企业或供应链管理服务公司而言，其主要优势是拥有在参与客户交易过程积累起来的产业知识和产业客户资源，还有与物流仓储相关的风控监管优势。

对于信息软件服务商而言，最重要的优势还是在于对产业供应链各环节数字化和数据打通集成方面，以及服务的企业客户资源的积累和触达。

第二大类横向跨行业平台，是基于区域产业集成优势而形成的。常见的主导方为地方政府、行业协会等有影响力和公信力的第三方。例如，宁波保税区主导的供应链金融平台、互联网金融协会推出的供应链金融平台等。这类平台的优势主要在于参与方协同机制上，第三方的加入和推动，有可能借助第三方政府或相关组织的公信力，充分调动区域内更多的资源，比如协调打通辖区内的各公共部门相关数据；出具配套的正向或负向激励措施，比如地方政府辖区范围内的财政奖励、税收优惠、产业园区优惠等，对潜在参与主体产生更强的驱动力。

纵向垂直产业平台

纵向垂直产业平台是基于某一具体产业链深耕发展的供应链金融平台。这类平台的主导方有很多种，但最常见的主导方是核心企业。当然主导方也可以是金融机构、金融科技服务公司，以其资金优势或技术服务优势为切入点选择特定产业进行深耕，提供服务，但在这个过程中会不可避免地与所选定产业的核心企业产生合作或联系。同时，主导方也可以是专注具体产业的 B2B 电商，其优势在于对具体产业的理解和相关交易数据的积累。

以上类型的划分只是从所整合主体角度的粗略划分，划分方法和以上讨论的情况并不完备，实务中具体参与主体搭建的平台情况会更为复杂。对于大多数具备一定实力和优势的参与主体而言，多多少少都会有一颗"主导"的心，但是实务中很少有企业能同时具备科技、信息、资金（或金融服务）、产业认知等多方面的资源与优势，同时，由于在供应链金融和社会科技发展的不同阶段，不同因素的重要程度或作用方式也会发生变化，平台自身的整合范围也会发生拓展或变化。

2.2 供应链金融生态系统的新角色——信用中介

2.2.1 信息不对称

在契约理论中,信息不对称涉及对交易中一方比另一方拥有更多或更好的信息的决策的研究。这种不对称造成了交易中的权力不平衡,有时会导致交易出错,在最坏的情况下,这是一种市场失灵。例如逆向选择,道德风险和知识的垄断使信息不对称延伸到非经济行为领域。由于私营企业比监管机构更清楚在缺乏监管的情况下他们将采取的行动,因此监管的有效性可能会受到影响。信息不对称是以委托代理问题为背景进行研究的,委托代理问题是造成信息不对称的主要原因,也是每一个沟通过程中都必不可少的问题。信息不对称与完全信息相反,是新古典经济学的一个重要假设。2001年,诺贝尔经济学奖被授予乔治·阿克洛夫(George A. Akerlof)、迈克尔·斯彭斯(A. Michael Spence)和约瑟夫·斯蒂格利茨(Joseph E. Stiglitz),以表彰他们对"信息不对称市场的分析"。

信息不对称模型假设交易的至少一方有相关信息,而另一方没有。某些非对称信息模型还可用于至少一方可以强制执行或有效报复违反协议的某些部分,而另一方则不能。

在逆向选择模型中,被忽视的一方在协商交易的协议或合同的理解方面缺乏信息,而在道德风险中,被忽视的一方缺乏关于已达成协议的交易履行的信息,或缺乏对违反协议进行报复的能力。逆向选择的一个例子是,承担高风险的人更有可能购买保险,而保险公司由于缺乏关于特定个人风险的信息,或者由于法律或其他约束,不能有效地甄别出他们。道德风险的一个例子是,人们在投保后更有可能做出鲁莽的行为,要么是因为保险公司无法观察到这种行为，要么是因为保险公司无法有效地对其进行报复，比如不续保。

关于逆向选择的经典文章是乔治·阿克洛夫于1970年发表的《柠檬市场》，将信息问题引入了经济学理论的前沿。这篇文章讨论了解决这个问题的两个主要方法：信号和筛选。

信号

迈克尔·斯彭斯最早提出了信号的概念。他提出，在信息不对称的情况下，人们有可能发出自己的类型信号，从而可信地向对方传递信息，解决不对称问题。

这个想法最初是在就业市场匹配的背景下研究的。雇主对雇佣"有学习技能"的新员工很感兴趣。当然，所有未来的员工都会自称"有学习技能"，但只有他们知道自己是否真的有。这就是信息不对称。

例如，斯彭斯提出，上大学可以作为判断学习能力的可靠信号。假设有技能的人比没有技能的人更容易完成大学学业，那么通过完成大学学业，有技能的人向未来的雇主表明了他们的技能。不管他们在大学里学了什么，学了多少，完成任务是他们有学习能力的标志。然而，完成大学学业可能只是一个信号，表明他们有能力支付大学学费，可能表明个人愿意坚持正统的观点，也可能表明个人愿意服从权威。

筛选

约瑟夫·斯蒂格利茨是筛选理论的先驱。他认为，信息不足的一方可以诱使另一方透露他们的信息。信息不足的一方可以主动设计一个选项菜单，使得做出的选择依赖于另一方的私有信息。例如，保险经纪人虽然不知道投保人的风险情况，但可以通过提供不同类型的合同，将不同风险的投保人区分开，让买保险者在高自赔率加低保险费和低自赔率加高保险费两种投保方式之间做选择，以防止被保人的欺诈行为。

卖方通常比买方掌握更多信息的情况有很多，这些卖方包括二手车销售人员、抵押贷款经纪人和贷款发放人、股票经纪人和房地产经纪人。

买方一般比卖方掌握更多的信息，包括遗嘱、人寿保险中规定的房地产销售，或未经专业评估的旧艺术品销售。1963 年，肯尼斯·J. 阿罗在一篇关于医疗保健的文章中首次描述了这种情况。

乔治·阿克洛夫在柠檬市场（也称次品市场）上注意到，在这样一个市场上，商品的平均价值往往会下降，即使是那些质量非常好的商品。由于信息不对称，无良卖家会欺骗买家。因此，许多不愿冒被敲竹杠的风险的人会避免某些类型的购买，或者不会为某件特定的物品花同样多的钱。阿克洛夫证明，市场甚至有可能衰退到不存在的地步。

中小企业融资难的最大症结之一就是信息不对称。银行等金融机构既难以了解中小企业的真实资金使用意图，又难以了解中小企业的未来发展前景和运营情况。而运营情况越差的中小企业越需要资金，就容易产生像保险市场一样的逆向选择问题。因此，金融机构因为害怕信息不对称产生的巨大风险，不愿意放贷给中小企业。

2.2.2 信号理论

在契约理论中，信号是指一方（称为代理）可信地向另一方（称为主体）传达关于自己的一些信息。虽然信号理论最初是由迈克尔·斯彭斯根据观察到的组织和未来员工之间的知识差距而发展起来的，但它的直觉性质使它被应用到许多其他领域，如人力资源管理、商业和金融市场。

在迈克尔·斯彭斯的工作市场信号模型中，（潜在的）员工通过获得教育证书向雇主发送关于他们能力水平的信号。证书的信息价值来自于这样一个事实，即雇主认为证书的获得与更强的能力正相关，能力较低的员工更难获得证书。因此，该凭证使雇主能够可靠地区分低能力工人和高能力工人。信号的概念也适用于竞争性利他互动,在这种互动中,接收方的能力是有限的。

利兰(Leland)和派尔(Pyle)(1977)分析了信号在IPO过程中的作用。作者指出,具有良好未来前景和更高成功可能性的公司("好公司")在上市时应始终向市场发出明确信号;所有者应该控制公司相当大的比例。要想可靠,这个信号必须代价高昂,不能被"坏公司"模仿。如果没有向市场发出信号,信息不对称将导致IPO市场的逆向选择。

如同人才市场中的情形,没有学历证书的求职者中必然有着具备高能力的人,但是因为无法发出区别于其他无证书的低能力者的信号,雇主无从挑选,因此雇佣无学历证书的求职者有着极大的风险。类似地,中小企业无法向资金提供方发出自己前途良好的信号,因此无法被贷方了解,也是造成无法获得融资的根本原因。我们可以发现,有效的信息形成信号,信号提升信用,如同受过良好学业训练的信息产生学历证书这个信号,这个信号提升了高能力者的信用。顺着这个思路,中小企业融资困难的根本原因是无法将自己的信息转变为信号,因此无法产生信用。在传统的模式中,这个问题是不可解的,就像拥有高能力却没有学历证书的人无法立即获得学历证书一样。在大数据时代,这种情况成为可能,原本无法获得的信息可以被获得,有价值的信息被从海量信息中筛选出来,形成信号,从而产生信用。而那个承担筛选有效信息形成信号功能的角色可以被称为信用中介,信用中介能够成为中小企业信用的挖掘者。

2.2.3 信用中介

"中小企业融资难"这一表述并不准确,更为确切地说是优秀的或有潜力的中小企业融资难,这里最关键的因素是优秀的或有潜力的中小企业无法向金融机构证明自己的优秀或有潜力,而金融机构亦无从了解。根据信息不对称理论和信号理论,在没有有效信号的情况下,金融机构最明智的选择就是

第 2 章
信用赋能的模式

不贷款给中小企业以规避风险,但是随着科技的进步,有效信号的出现成为可能。如果一个机构能够通过中小企业的经营行为,挖掘有效信息,帮助中小企业发出有效信号,或者能够帮助金融机构充分了解中小企业,贷款给中小企业就不再是高风险的行为。这种挖掘信息、产生信号的机构可以称之为信用中介。

信用中介在供应链金融领域中可以发现、整合和筛选链上中小企业的信息,形成有效信号,推动有效信息在资金的需求方(中小企业)和资金的供给方(金融机构)之间传递,降低信息的不对称,最终促成金融流的形成。信用中介可以发现中小企业的信用,传递信用,促使中小企业获得金融资源,进而推动资金流在供应链中顺畅地运行,提高整个供应链的绩效,从而创造价值。这整个过程可以看作信用中介借助科技手段为中小企业进行的信用赋能。

2.2.4 信用赋能所需的能力

为了能够承担信用赋能功能,信用中介需要拥有将信息变为信号的能力,具体说来是识别信息、精炼信息、转换信息和传递信息。

识别信息是指在海量的信息中捕捉到有效的信息。在大数据时代,信息的记录和获取不再是难题,但信息的爆炸式增长也导致了大量冗余信息的出现,并且产生信息的渠道和来源也五花八门、参差不齐。真正有价值的信息就像埋藏在沙砾当中的珍珠一样需要辛苦地筛选。由此可见,信用中介必须能够像从沙砾当中筛选出珍珠一样,从大量的无效信息中识别出有用的部分,同时也要保障信息的来源和渠道的权威性和有效性。

精炼信息是说将已经识别出的有用信息中的无效部分剔除。中小企业能够产生的信息和金融机构所需要的信息必定是不同的,即便是通过信息中介识别出的信息,其中仍然包括对于信息需求方无意义的内容。因此,信用中介具备的第二种能力就是充分了解信息供给方和信息需求方的状态，从而尽量地精简有效信息，过滤掉没有针对性的部分，使得有效信息更具针对性。

转换信息是将信息转换为需求方所需要的形式。从某种意义上讲，形式转换就是一种结构化处理信息的过程。信用中介从中小企业获得的信息经过识别和过滤后仍然是原始的信息（提供方视角的信息），为了使信息需求方能够花费最少的精力就可以看懂，这就需要信息中介具有结构化处理信息的能力。

传递信息是指将转换后的结构信息有效地触达金融机构。有效的资金供给方往往不只一个，经过转换后的成品信息只有有效传递给资金供给方才会形成真正的信用。因此，信用中介还需要有能力、有渠道将自己转换后的信息有针对性地、有优先次序地传达给不同的金融机构，才能最终完成将原始信息转换成信用的全过程。

综上我们可以发现，想要有效实现信用赋能，往往需要信用中介具有很强的科技能力和数据处理能力，因此往往是专业的金融科技公司充当信用赋能的角色。

2.3 信用赋能角度下的供应链金融模式

前文介绍了供应链金融生态系统和角色，并描述了各个角色之间的关系。为了能够破除供应链金融中资金供求双方的信息不对称，我们引入了在供应链金融生态中至关重要的新角色——信用中介。我们发现，具备金融科技属性，拥有信息识别、过滤、转换和传递能力的信用中介可以为中小企业进行信用赋能，使得开展新的供应链金融业务成为可能，为更多中小企业提供金融资源。

在供应链生态系统中，信用中介未必是单独存在的，也可以由供应链生态系统中具备金融科技能力的其他角色来承担。基于这种信用赋能的视角，根据信用中介功能由谁承担，可以形成四种不同的供应链金融模式。

2.3.1 信用赋能模式一：独立信用中介

在该种模式下，核心企业、资金需求方、金融机构和信用中介是彼此独立的，特别是信用中介是完全独立的存在。

信用中介因为不隶属于任何体系，信息收集的难度非常大。该类信用中介需要有强大的技术能力，能够通过其他技术服务或其他服务切入行业供应链的底层业务中去，深入了解核心企业和资金需求方供应链所在行业的特点及各种技术需求，甚至可能需要协助核心企业和需求方去进行供应链的数字升级，使得它们的供应链金融活动能够信息化、数字化、智慧化，这样才可以完成信息的记录和沉淀。只有在信息能够被有效记录保存的基础上，信用中介才能够进一步推动信息的识别、筛选、转换和传递。除了能够发掘出中小企业的信用，该类信用中介可能还需要提供技术方案，可以将核心企业的信用传递给中小企业，通过供应链上核心企业和中小企业之间产生的交易信息、物流信息、资金往来和战略关系，为中小企业增信。此外，此类信用中介必须与金融机构建立比较紧密的合作和交流关系，了解金融机构对于特定行业的金融服务的需求，也能够满足银行对于金融活动中信息传输速率的要求。

该种模式的信用中介有很多，泽金金服就是代表之一。泽金金服成立于2015年，公司专注于"互联网+产业金融"领域，为客户提供金融产品业务方案咨询规划、线上业务平台搭建、线上+线下业务运营支持，是一家提供一站式产业金融服务、自身不从事任何金融业务的纯金融科技公司。

公司主要服务于大型上市公司、中央及地方国有企业体系中的金融公司，根据行业的特色及特点设计相应的供应链金融产品，协助其业务上的规模、成本控制、效率提升、风险控制等各类目标的达成。此外，还服务于产业体系以外的金融机构。针对性的服务有产业金融、ABS 等，可以在银企线上供应链金融创新、普惠金融创新、线上供应链金融 ABS 发行等方面提供有效的服务。

公司的主要产品包括应收应付类、ABS 发行类、B2B 支付类三种。应收应付类主要有基于区块链技术进行数字加密的应收账款流转与融通工具融单，以及线上化保理工具云保理。ABS 发行类主要的功能是支持券商、律所、保理公司、核心企业、供应商全在线的一站式资产收集发行的运营与管理。B2B 支付类包括为 B2B 电商、集采提供个性融资的方案融易付和为传统票据汇集、流转、融通提供增值的解决工具票易转。

公司主要的信用中介服务是为每家优质核心企业量身定制全线上的供应链金融"无感金融"体系，并提供后续业务运营服务。其自身系统通过对接企业的各种内部系统如 ERP、OA、WMS、SRM 等，与银行现金管理系统互通从而控制采购付款现金流，同时通过发票核验、中登网登记和企业风险事件查询等此类第三方平台进行信息的互相比对提炼，帮助有融资需求的供应链内企业搭建和运营可覆盖立足于全产业链场景的"无感金融"平台。

2.3.2　信用赋能模式二：金融机构作为信用中介

在该种信用赋能的模式下，信用中介不再是完全独立存在的，而是由资金的提供者金融机构所拥有或推动发展的金融科技公司担当。

该类信用中介的出现有两个原因：一是因为金融机构依托自己对全行业金融行为信息的积累、沉淀和处理经验以及部分金融机构在金融科技领域率先发力，并将自己的金融优势转化为科技优势，有能力构建完全适合自己的信用中介体系。二是金融机构与链上的核心企业历史业务往来较多，积累了一定的信任和战略关系，但是对于供应链体系内核心企业和中小企业的业务形式和信息数据不够了解，又不能完全信任核心企业，因而必须构建自己的决策辅助工具体系。金融机构通过自有信用中介的构建，可以有效地积累核心企业供应链中上下游中小企业的信息，从而形成信用，在低风险的状态下拓展自身的业务。

该种模式面临的难点是，首先，由于信用中介是金融机构推动建立的，必须保证一定的通用性，对于行业特色的理解和把握势必不够精准。其次，该类信用中介拥有先天的金融机构视角，可能会造成对行业供应链的理解偏差和利益局限。再次，由于信用中介需要具备深入核心企业所在的行业供应链内部信息池中积累数据和训练信息筛选能力，因此说服核心企业和中小企业，以及在技术上实现两者数据平台的同步则是必须要解决的问题。

2.3.3 信用赋能模式三：核心企业作为信用中介

在该种信用赋能的模式下，信用中介同样不是完全独立存在的，是由供应链中核心企业所拥有或推动发展的金融科技公司担当的。

这类信用中介一般是大型核心企业或是集团企业的科技平台，通过前期其他的供应链科技服务积累了各种供应链组织经验，沉淀了大量的各种数据，由于是体系内的平台，获取供应链内的数据相对容易。该类信用中介和供应链关系紧密，对承担向系统外金融机构传递有效信号，赋能供应链体系的任务有着天然的优势。

该类信用中介面临的问题有三个：一是在系统内如何能够协调各单位，有效地获取数据、识别数据并筛选数据。二是由于该类信用中介和供应链内的企业属于同一体系，而金融机构的客户也是供应链中的企业，有自证信用的嫌疑，取信于金融机构、获得认同的难度相对较高。三是要平衡系统内企业数据隐私和金融机构的数据需求。

海尔集团（主要聚焦集团旗下主打供应链金融的海融易平台）就是核心企业作为信用中介的典型代表。

强大的核心企业信用背书。海尔集团（以下简称海尔）是世界知名的白色家电领军企业，世界权威市场调查机构欧睿国际的数据显示：2018 年海尔全球大型家用电器品牌零售量第一，并且是第 10 次蝉联全球第一。2018 年实现收入 1833 亿元，全年净利润 74.4 亿元。以海尔集团自身家电主业为依托，开展本产业的供应链金融业务，在对接金融机构资金时，本质上是将海尔的信用注入了整个产业链。

广大的节点企业客户资源。围绕海尔，其上游供应商体系和下游分销商体系的节点企业，都成了其供应链金融业务触手可及的客户资源。仅就其分销商自有渠道而言，截至 2018 年年底全国已建设了 8000 多家县级专卖店、30000 多个乡镇网络。

以供应链数字化为撬动供应链金融业务的基础。海尔的供应链金融发端于其自建的一个线上垂直 B2B 平台（365rrs.com）。通过这一平台，海尔全国的经销商可以进行在线采购、支付、物流、交付，全程可视化，实现四流合一。目前，海尔搭建的巨商汇系统已经覆盖了其全部经销商客户，易理货系统全覆盖乡镇级门店，实现了对经销商下单、销售、库存及售后的实时管控。

链内信息数据风控优势。在供应链数字化的基础上，海尔自身分销渠道网络、交易数据和物流业务等要素数据的雄厚积淀成为海尔开展供应链金融业务的风控硬核要素。实质上在与金融机构合作的过程中海尔承担了"系统集成"和部分"金融科技"的角色，全面打通内部的订单系统、物流系统、返利系统、主数据系统等多个系统，并在此基础上对接金融机构的系统与多元化服务，在保障客户选择权的前提下根据不同金融机构的不同要求，对客户进行筛选和针对性推荐。

海尔在自身产业开展供应链金融时，其原有业务经营管理和供应链金融场景高度融合，提供了众多实务便利和不可替代的操作优势。

（1）营销及贷前阶段。生态攸关方白名单客户。实行海尔内部一线销售

第 2 章
信用赋能的模式

人员签名的白名单制度，虽然签名不具备法律效力，但是签名包含了一线销售人员对客户隐性能力的认知，在实务中是实行客户筛选的有效手段。配合核心企业策略确定资金流。融资额度的确定与核心企业的销售策略相匹配。核心企业人员协同尽调。海尔的一线销售人员协同尽调，分级确定尽调资源和策略。例如，50 万元以下不做现场尽调，50 万元以上配合放款前尽调。

（2）贷中管理。充分利用海尔一线业务人员，开展"激励式"软数据收集和"游戏任务式"贷后走访，在原有业务系统的基础上及时补充更多重要的隐性信息。

（3）自动化预警和智能催收，配合主业有更多可选有效措施。根据进销存数据变动提供实时预警，辅助智能催收和库存管控措施，对于不同类别的客户采取不同的相应措施。对于还款习惯不够好，或者是因促销政策造成收入变动的客户，可以奖罚并举，促其还款，甚至配以业务顾问，帮助应对，实现共创共赢。对于涉诉、涉案、黑名单客户，可以催收、法律诉讼和控货措施并举。

（4）非恶意客户纾困式催收。对于经营数据不理想，预期收入不理想而造成困难的非恶意客户，可以结合产业资源，在催收的同时协助非恶意客户纾困。总的来说是管控和协助并举，在管控方面主要采取柔性控货、账户监管和核心企业一线人员协助实地监控；在协助方面，主要采取协助存货处理、提请促销协助，视情况调整还款方式等。

综上所述，核心企业在具备供应链数字化能力和资金资源的基础上，成为信用中介主导，开展本行业的供应链金融业务具备不可取代的优势，尤其是在业务经营管理和供应链金融场景的融合方面。

但是，值得注意的是，当核心企业试图扩展服务领域，将供应链金融业务服务能力向外输出的时候，前述优势将不复存在，可能仅剩的所谓业务经验也不一定对新的产业适用，毕竟该领域产业壁垒的天然存在。

2.3.4 信用赋能模式四：核心企业体系兼具信用中介、资金提供方功能

该模式集成度最高，也最为特殊，一般是大型的集团企业力求达到的效果，即核心企业、信用中介和资金提供方都在体系内，同时可以有部分或者完全没有外部金融机构的资金支持，即半自足或者全自足状态。

该类模式往往是大型集团企业，尤其是国企、央企才可以做到的，核心企业的内部财务公司或金融机构部分或全部提供系统内中小企业所需要的资金。这也要求核心企业拥有极其强大的资源能力，具体说来有三点：一是业务能力极其强大，集团必须拥有足够巨大的供应链体系，承担足够巨大的供应链业务；二是科技能力极其强大，集团拥有足够先进和强大的技术能力，且拥有长期的丰富的实践经验足以成为信用中介，整个体系的科技化水平非常高，数字化甚至是智慧化体系已经搭建完成；三是金融能力极其强大，企业需要有足够的金融资源，更重要的是有相应的金融许可证和资质，保证整个体系资金的需求。

该类信用中介面临的困难有两方面：一方面是系统内调控完成所有的活动，因此可能产生诸多的非市场化行为，导致综合成本的上升；另一方面是站在信用中介的角度，为了完成内部闭环的体系，而且信息和资金均来自内部，基本上需要放弃外部市场。

然而，对于大型的集团企业而言，该类模式是最能够提升集团利益的模式，所有的资源和信息都在集团内运行，保证了运行的效率和可控制性。如果能够立足自身业务，打造完全符合自身产业特点的信用中介体系和产业银行金融体系，完全实现自给自足，将会使集团持续壮大，成就伟大企业。特别是对于中国特色的经济系统而言，央企、国企发挥着重要作用，有着成就伟大企业的历史使命，该类模式值得重点探讨和研究。

Chapter Three

第 3 章

信用赋能的发展阶段

Chapter Three

在上一章中，我们通过分析供应链金融生态系统并引入信用中介的角色，阐述了通过供应链金融进行信用赋能的概念和四种模式。在四种模式中，核心企业、信用中介和资金方三者合一或在同一体系内的模式尤其适合大型集团企业。在中国特色社会主义经济体系下，该模式更是助力央企国企、塑造伟大供应链、成就伟大企业的可行之路。本章我们将立足于大型集团企业视角，深入研究发展该模式的路径。该模式的完成状态是实现完整的集团层面的自给自足，在集团内构建完整的产业、金融和技术的结合体。然而这目前仍然只是一个发展方向和理想状态，集团企业需要不断地提高自身的业务能力、科技能力和金融能力，才有望成功。从集团金融能力不断升级的角度，实现完全的产融结合需要经过三个阶段，也就是集团和供应链逐步实现完全自金融的三个阶段："信用共享＋供应链金融"、"财务公司＋供应链金融"和"产业银行＋供应链金融"。

第 3 章
信用赋能的发展阶段

3.1 自金融

3.1.1 优序融资理论

在公司财务中,优序融资理论假设融资成本随信息不对称而增加。融资有三个来源:内部资金、债务和新股本。公司在考虑它们的融资来源时,优先考虑内部融资,然后是债务,将筹集股本作为"最后的手段"。因此,首先使用内部融资;当资金耗尽时,就会发行债券;当发行更多债务不再明智时,就发行股票。这一理论认为,企业遵循融资来源的层次结构,在有条件的时候更倾向于内部融资,如果需要外部融资,债务比股权更受欢迎(股权意味着发行股票,这意味着将外部所有权引入公司)。因此,企业选择的债务形式可以作为其需要外部融资的信号。

3.1.2 什么是自金融

根据宁小军《自金融》一书中的观点,自金融是企业主导的金融服务模式,是非金融企业依托信息技术,以服务自身主业及关联产业为目的,向其自身或有业务关联的企业及个人提供包括投资、融资、支付结算与增值在内的综合金融信息服务。所谓自金融,是相对他金融而言的,指金融服务主体与客体同属一个机构或集团,两者之间在数据和资源方面有良好的共享共通。

表 3.1 自金融与普通金融的区别

对比项目	自金融	普通金融
业务主体	非金融企业	金融企业
业务目的	服务自身主业及关联产业	所有产业

（续）

对比项目	自金融	普通金融
服务对象	自身或有业务关联的企业或个人 消费者 自己或关联企业 供应链上下游企业 员工	所有者 消费者 企业
业务范畴	投资 融资 支付结算 增值	投资 融资 支付结算 增值

资料来源：根据宁小军《自金融》整理。

正如之前提到的，新时代企业间的竞争已经不是企业个体间的竞争，而是供应链、价值网、商业生态系统之间的综合竞争。供应链、商业生态系统中的主干企业、集团企业应该成为自身系统内的金融源，为系统内企业提供金融服务，使得自身的集团、供应链或商业生态系统更具竞争力。

从服务的范围来看，企业自金融分为两种，一是企业为自己提供融资，即内源性融资；二是企业为同在集团、供应链、产业或商业生态系统内相关联的其他企业提供金融服务。

自金融最大的特点，也是和传统金融模式最大的不同，就是金融服务的提供方是系统内的非金融企业，一定程度上呈现出系统内的"自给自足"。自金融与传统金融的不同主要体现在服务主体、服务目的、服务对象、服务范围等方面上。这些诸多不同使得自金融可以成为传统金融的良好互补，为金融服务开辟新的路径。

3.1.3 什么是供应链自金融

供应链中的中小企业在通常情况下需要从银行等金融机构处获得资金支

持，这是外源性金融，由供应链内部主体之外的其他主体提供金融资源。在普通金融的模式下，供应链中的核心企业和中小企业完全从外源性的机构获取资金。供应链中的企业可以拓展出金融能力，通过内属的保理公司等持牌金融机构，为供应链中的企业提供内源性金融服务，这就拓展出了自金融能力。我们认为，供应链自金融并不意味着供应链必须完全依靠内部进行融资，只要供应链中企业所需要的资金中有通过内部机构融到的资金，即属于供应链自金融的范畴。

我们可以从优序融资理论中获得一定的借鉴，如果将供应链视为一个整体，那么内部能够产生的融资面临的信息不确定性将更低，这理论上是一种成本更低的融资方法。

3.1.4 集团企业供应链自金融的发展阶段

集团企业和供应链发展自金融是一个循序渐进的过程，在这个过程中集团和供应链需要不断提升自己的金融能力，促进产融结合，逐渐实现自存度更高的自金融体系。这三个阶段依次为"信用共享+供应链金融""财务公司+供应链金融"和"产业银行+供应链金融"。

表3.2 供应链自金融的三个发展阶段

	信用共享+供应链金融	财务公司+供应链金融	产业银行+供应链金融
资金方	外部金融机构 核心企业信用共享	财务公司为主 外部金融机构为辅	产业银行 可能有外部金融机构
模式特点	核心企业通过数字债权凭证将信用共享至全供应链	以财物公司为依托，以准银行的模式为全供应链提供全面的金融服务	成立以产业为边界的专业性银行

资料来源：根据段伟常、梁超杰所著《供应链金融5.0：自金融+区块链票据》整理。

3.2 信用共享+供应链金融

供应链金融实现内源性金融的第一步是从最大化内部信用利用开始,供应链上的核心企业通过担保、回购等方式提供信用,上下游企业通过提供交易记录并抵押应收、预付、存货等动产从金融机构获得融资。然而传统的供应链模式还存在着诸多问题,使得共享信用的范围和效力都十分有限。

3.2.1 当前供应链金融在信用共享中面临的问题

当前供应链金融存在诸多问题亟待解决:一是供应链末端企业仍面临融资难问题。核心企业的一级经销商、一级供应商的应收账款或预付账款与核心企业自身业务的联系紧密直观,但是核心企业信用资质难以向供应链下一级传递;二是银行确定企业信用成本较高。银行需要严格核实融资发放对象的交易信息、质权可靠性与回款控制能力,需要与对手方企业就相关信息进行对账,还要识别信息造假,如伪造仓单骗贷,对银行来说存在收益与成本不匹配的问题;三是难以从供应链管理角度发掘更多价值。传统供应链金融服务将主要精力投入相关企业财务信息的核查和融资风险与收益的计量,较少参与至核心企业自身的供应链优化管理之中。

3.2.2 信用再传递的障碍

在当前供应链金融方案中,核心企业可以比较容易地将信用共享给直接合作伙伴,而信用无法传递给二级以上的伙伴。从实际情况来看,层级越高,靠近末端的中小企业越难以获得金融资源。供应链中的交易关系是链式传递的,但是信用却无法简单地进行再传递,这就使得核心企业的信用共享范围非常有限，真正需要信用共享的多级供应商无法获得需求。

产生这种现象的原因有三个：一是多级伙伴不直接与核心企业交易，因此所获得的信任度不高，交易信息的价值对于金融机构来讲也不如一级伙伴；二是层级越高的交易关系越细微、碎片化程度越高、结构化程度越低，处理信息的成本越高；三是核心企业的信用缺乏有效的工具进行逐级传递，这也是关键原因。

3.2.3 信用再传递的工具：数字债权凭证

如果想要构建供应链全域的信用赋能，必须解决的问题就是找到支持核心企业信用再传递的工具，使信用得以逐渐传递至供应链末梢的中小企业，为其进行信用赋能。

要想实现信用的自由再传递，必须使得信用背后的资产或债权通证化，具体说来就是要解决三个问题：一是有信用的资产必须数字化，未被数字化的资产难以满足交易速率的要求，也存在着比较高的验真成本；二是数字化的信用资产必须能够在供应链内获得共识信任，没有达成一致共识的资产在流通中必然会产生阻滞，难以流通全链；三是有共识的数字化信用资产必须能够自由地拆分、流转和融资，因为链中不同企业对于资产数额的要求是不一样的，不能进行拆分的资产即便实现了数字化并取得了共识，也难以满足所有企业的要求，不能自由流通。简而言之，要想信用再传递，工具必须数字化、有共识和能拆分。

数字化和有共识需要依靠技术手段，尤其是依靠最新的区块链技术的不可伪造、全程留痕、公开透明和集体共识的特点。而信用能拆分除了必须依托相应的技术基础外，还必须有相应的法律基础作为保障，需要从法律层面满足信用传递工具的可转让，转让后可以无因化地行权。

数字债权凭证有很好的法律基础，根据《中华人民共和国合同法》第七十九条的规定,即债权人可以将合同的权利全部或者部分转让给第三人。基于区块链技术就能构建出基于核心企业成员与其基础合同交易对方因基础交易而产生的债权债务关系的凭证。若核心企业成员及其基础合同交易对方之间具有真实、合法的交易关系,相关的基础合同真实、合法、有效,则数字债权凭证对应的基础合同受我国法律的认可及保护,进而数字债权凭证对应的债权债务关系也受我国法律的认可及保护,这样就可以有效实现信用再传递了。数字债权凭证的技术基础和法律基础将在下一章详细展开。

3.3 财务公司+供应链金融

3.3.1 集团财务公司的意义

集团财务公司的本质是一种资金管理模式

根据中国银监会《企业集团管理办法》规定:企业集团财务公司是指以加强企业集团资金集中管理和提高集团资金使用效率为目的,为企业集团成员提供资金管理和服务的非银行金融机构。相较于以往的资金收集、与外部金融机构的传统合作等方式,财务公司是企业集团资金管理的高级化阶段。财务公司的资金管理模式有两种,一种是集权式管理,资金多集中于统一调度;另一种是分权式管理,集团对核心子公司适度分权,下属子公司投融资活动对集团仍有较强依赖性。因此,集团管理模式的差异对集团资金管理模式的选择起决定作用。财务公司是集团企业资金管理的高级化阶段。财务公司的资金管理模式有两种,一种是集权式管理,资金多集中于统一调度;另一种是分权式管理,集团对核心子公司适度分权,但下属子公司投融资活动对集团仍有较强的依赖性。因此,集团管理模式的差异对集团资金管理模式的选择起决定作用。随着集团规模的扩张和层级的增加,以往的资金管理模

第3章
信用赋能的发展阶段

式难以满足子企业差异化需求，财务公司作为集团企业资金管理模式的高级化形态日益受到集团企业青睐。

集团财务公司的功能

集团财务公司三大核心功能：提效率、降成本、强化风险管控。财务公司同时拥有金融牌照和独立法人资格，金融牌照表明财务公司除基本的"存、贷、结"业务之外，也可在货币市场或资本市场中进行融资租赁、承销债券等业务，服务范围远超传统资金管理方式；独立的法人资格表明财务公司不再隶属于集团某个职能部门，实现资金集中不完全依靠集团的行政强制。

基于以上两大特征，财务公司在资金的管控和统筹方面拥有以下优势：

子公司间配置资金，减少资金沉淀。集团公司下属子公司众多，行业及地域分布异质性较大，母子公司存款分散在不同银行。虽然单个账户资金规模有限，然而汇总到集团公司层面，资金量相当可观。一旦该类资金形成沉淀，则会降低集团资金使用效率。另一方面，集团内的各个企业对资金的规模和期限偏好不一，既有好项目但是资金短缺无法施展的子公司，也有资金相对富余而缺少投资渠道的子公司。财务公司作为资金配置枢纽，首先将成员单位闲散的资金集中起来，然后再分配给集团内需要资金的企业，有效地减少了资金沉淀，提高了资金使用效率。

加速资金周转，压缩资金使用成本。财务公司不仅能提高资金使用效率，还能从两个方面降低资金成本。一方面，集团内部企业业务往来频繁，对内部结算要求很高，财务公司采用内部账户系统，资金流转速度快，可节约大量财务手续费。另一方面，为内部企业提供尽可能低的贷款利率，降低贷款利息支出，减少外部资金往来。2014、2015年财务公司（样本内含208家企业）全行业平均贷款利率分别为5.43%和4.88%，低于同期金融机构贷款利率，这与财务公司持续执行优惠贷款利率相关。当然，出于风险防范的考虑，财务公司贷款规模受自身资本规模约束。

强化集团资金风险管控。首先，通过财务公司进行统一归集、运作、调配和管理，对成员单位的资金流入、流出进行控制，集团可以获得下属单位重大财务事项的知情权，保障资金安全运行。其次，财务公司的客户对象限定在集团内部，与成员单位频繁接触，提供金融服务的同时能全面分析下属单位财务状况与经营成果。因此，从业务角度来看，集团授权财务公司对成员单位资金结算和支付等进行监管，可以有效防范和管控集团的资金风险。

集团财务公司的法律关系

财务公司与母公司都是独立法人主体。财务公司从属于企业集团，受企业集团的直接领导，同时接受银保监会等外部机构的监督管理，是独立核算、自负盈亏、自主经营的企业法人。从法律角度来看，母公司仅以其对财务公司的出资额为限对财务公司在经营活动中的债务承担责任；财务公司作为独立的法人，以子公司自身的全部财产为限对其经营负债承担责任，两者以独立法人实体形式存在。

财务公司与集团内子公司地位平等，是调剂资金的法律基础。就集团结算中心而言，作为集团职能部门，依附于母公司指令，对集团内企业资金进行调配。而财务公司作为集团内下属子公司之一，与其他子公司法律地位平等，这也是财务公司弱化行政干预，区别于一般资金调节中心的法律基础。

3.3.2 集团财务公司的业务

传统的资金集中管理模式

实务中传统的资金集中管理模式涵盖报账中心模式、内部银行模式、资金结算中心模式、现金池模式，以下对各类资金管理模式做简要介绍：

(1) **报账中心模式**：高度集中的资金管理模式，现金收付集中在报账中心。该模式可分为统收统支和拨付备用金模式：1) 统收统支：子公司无独立

第3章
信用赋能的发展阶段

银行账户和财务部门，集团所有的资金收付集中在集团总部，资金的使用、决策、投融资等均由母公司统一控制。2）拨付备用金：子公司可单独设立银行账户，但不能设立财务部门；集团按照一定标准拨付给子公司相应数额的备用金，子公司在限额内使用资金；每一笔收入都必须上交母公司，超标准的现金支出必须经过母公司同意。

报账中心模式虽然有助于实现集团资金集中及最大限度控制资金流向，适合集权式管理，但其弊病是：1）极易产生资金沉淀；2）信息不对称导致集团对各部门缺乏完备信息，难以掌控资金需求；3）集团总部负荷过重。

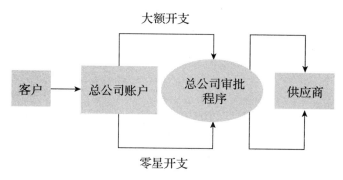

a) 统收统支模式

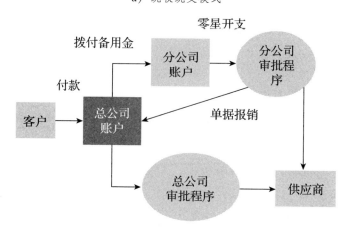

b) 拨付备用金模式

图3.1 报账中心模式运作流程

资料来源：兴业证券《集团财务公司知多少》。

（2）内部银行模式：基于银行基本职能和管理模式在企业内部设立内部银行，在母子公司间建立借贷关系。子公司在内部银行统一开户，统一办理现金收付结算业务；子公司无权单独对外筹资，而是通过在内部银行开立存款户和贷款户来实现"存贷分离，有偿使用"；子公司得到内部银行贷款后可自行安排用途；集团通过建立信息反馈系统，以监控资金的运行。

内部银行运作模式与财务公司模式相近，旨在确保资金内部循环，降低资金成本，但是由于内部银行不具有独立法人身份，一方面不满足监管当局要求，难以拓展外部融资，另一方面内部银行本质为集团职能部门，易受行政干扰，调配资金主动性较弱。

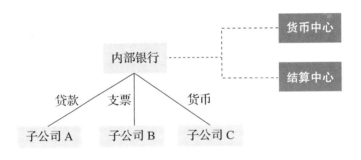

图 3.2　内部银行模式运作流程

资料来源：兴业证券《集团财务公司知多少》。

（3）资金结算中心模式：在集团总部设立资金结算中心，对子公司资金实施统一结算。子公司独立开设银行账户和财务部门，拥有资金的经营权和决策权；实际运作中，子公司在结算中心开设内部账户，与在银行开设的外部账户衔接，借助银行实现资金集中；子公司按规定每日将超出限额的资金转入结算中心账户，结算中心核定各子公司日常备用资金数量，统一拨付各成员单位所需货币资金。

资金结算模式中，子公司无须将全部资金集中到母公司，拥有较大的经营决策自由。并且，收支两条线能够促使母公司有效掌握子公司的资金情况。

不过，与内部银行的缺点一致，结算中心不具备金融牌照，缺乏多渠道运用资金的功能，且受母公司行政干预较多。

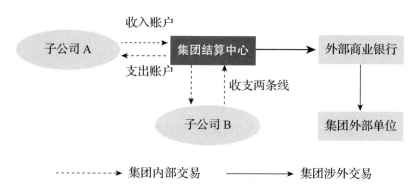

图 3.3　资金结算中心模式运作流程

资料来源：兴业证券《集团财务公司知多少》。

（4）**现金池模式**：借助商业银行服务，母子公司设置共享账户，即资金池，实现资金集中管理。母公司开设母公司账户（"资金池"），子公司在母公司账户下开设子账户，具有一定的透支额度；每天银行自动清零子公司账户，子公司账户原有结余作为对母公司的贷款划归母公司账户并收取利息，子公司账户原有透支由母公司划拨归还，作为母公司的借款并支付利息。采用该模式管理资金有以下优势：1）有助于及时了解及调控子账户现金流量的情况，提高内控能力；2）收取存贷利息，提高资金使用效率。然而，由于现行监管下企业之间无法直接借贷，需要通过委托贷款方式实现借贷，增加了资金往来的手续费，降低了企业利润。

整体而言，常用的资金管理模式主要存在两大问题：一是设立的部门均为集团企业职能部门，在实务操作过程当中，除报账中心模式严格受控于母公司之外，其余三类模式均在不同程度上遭受集团的行政干预，自主调剂资金的能力弱；二是缺乏金融牌照，难以开展外部融资、投资等金融活动，资

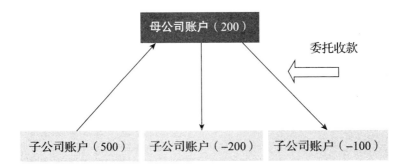

图 3.4　资金结算中心模式运作流程

资料来源：兴业证券《集团财务公司知多少》。

金使用上依旧面临效率偏低的问题。同时，随着企业集团规模的扩大和层级的增加，一方面各部门资金需求差异性加大，另一方面，集团下属子公司数量激增，沉淀资金增多，对资金使用效率要求较高（见表3.3）。财务公司的出现实际上结合了各类资金管理模式的优点，通过内外联动，弥补了过往模式的缺陷。

表 3.3　常见的资金管理模式优缺点对比

资金管理模式	优点	缺点
报账中心模式	有助于集团减少资金沉淀，提高周转速度； 可以控制现金流流向，降低资金成本； 拨付备用金模式能在一定程度上缓解子公司对资金集中的抵触	子公司经营的灵活性、开源节流的积极性受到限制，进而降低整个集团经营活动和财务活动的效率 容易造成集团总部负荷过重
内部银行模式	集中存贷、放贷，确保资金在集团内部循环，能够减少外部融资，降低资金成本； 集中暂时闲置的资金，通过信贷关系确保各成员有效使用资金； 子公司经营活动灵活性较高，成本控制积极性好	不具备独立法人身份，借贷业务主体资格不符合监管当局要求； 集团存在多级法人时，股东往往不愿接受这一模式

(续)

资金管理模式	优点	缺点
资金结算中心模式	协助子公司收付交易款项，结算内部交易，减少资金在途时间，提高资金的周转效率； 子公司无须将全部资金集中到母公司，拥有较大的经营决策自由； 母公司能够及时有效地掌握子公司资金经营情况	只是企业集团内部管理机构，不具备法人资格与金融牌照，缺乏对外融资、中介、投资等功能； 常常出现运作不规范，母公司通过行政干预结算中心运行的问题
现金池模式	借助银行网络服务，可有效提高工作效率，降低成本； 有助于及时了解及调控子账户现金流量的情况，提高内控能力； 子公司在资金池中的存款可获得利息，贷款则需要支付利息，有利于促使成员合理使用资金，减少资金占用	子公司无法保证在现金池的头寸、降低自主积极性； 现行监管条件下企业之间无法直接借贷，需要通过委托贷款方式实现借贷，增加了资金往来的手续费，降低了企业利润

集团财务公司的经营模式

区别于上述各类的资金集中管理模式，从运营模式来看，财务公司主要分为以下四大板块。

（1）**资金筹集**：内部归集 + 外部筹资。

内部归集：集团子公司在财务公司设立内部账户存储自由资金，财务公司为存款提供利息，有利于集团内部闲散资金的汇集。集团成员在财务公司开设账户的同时，在银行开设收入支出账户，并授权财务公司查询银行账户和转账。每日终了将收入账户余额归入财务公司内部账户。在集团财务公司账户中余额为正的集团成员，财务公司为其存款提供利息；账户中余额为负的集团成员，财务公司向其贷款收取利息。

外部筹资：基于自身的独立法人地位和金融牌照，财务公司可以通过开展票据业务、同业拆借业务、发行财务公司债、向商业银行贷款等方式获得外部融资。

（2）**资金结算**：以集团成员在财务公司开设的内部账户为基础，对集团成员之间、集团成员和外部企业的业务往来进行结算。

（3）**资金融通**：借助资金枢纽功能，为集团成员提供资金融通服务。作为集团内部资金枢纽，财务公司将内/外部资金在集团融通，主要涉及：提供优先贷款、买方信贷、融资租赁、分期付款等；采用业绩标准，对集团成员差异化利率定价；开展票据贴现业务，提供短期流动性资金；牵头行组织和安排银团贷款，满足大规模资金需求。

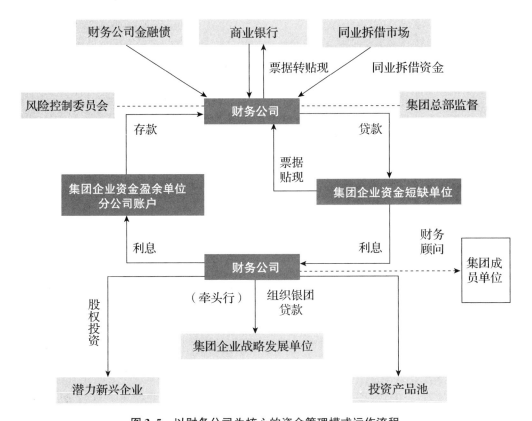

图 3.5　以财务公司为核心的资金管理模式运作流程

资料来源：兴业证券《集团财务公司知多少》。

（4）**资金运用**：追求集团效益最大化，最大化提高资金的使用效率。财务公司可挑选集团内部具有发展潜力的企业，为其提供直接股权投资、筹集长期发展资金；财务公司也可通过建立投资产品池，并在其中选出符合财务公司风险偏好，适合财务公司安全性、流动性和收益性要求的投资产品，建立产品备选库，适时进行投资。

3.3.3 集团财务公司的供应链金融业务

集团财务公司可以开展的业务

集团财务公司具体业务采用"基础业务+高级业务+禁止业务"的框架。根据《企业集团财务公司管理办法》中的相关规定，企业集团财务公司业务范围包括11项基础业务，5项高级业务，另有两项禁止业务（见表3.4）。根据中国财务公司协会公布的数据来看，企业集团财务公司主要业务为集团内部子公司"存、贷、结"，外部融资等业务占比整体偏低。

表 3.4 企业集团财务公司业务范围

业务类型	业务范围
基础业务 （11项）	（1）为成员单位提供财务和融资顾问，办理信用鉴证及相关的咨询、代理业务 （2）协助成员单位实现交易款项收付 （3）经批准的保险代理业务 （4）为成员单位提供担保 （5）办理成员单位之间的委托贷款及委托投资 （6）为成员单位办理票据承兑与贴现 （7）办理成员单位之间的内部转账结算及相应的结算、清算方案设计 （8）吸收成员单位的存款 （9）对成员单位办理贷款及融资租赁 （10）从事同业拆借 （11）中国银行业监督管理委员会批准的其他业务

(续)

业务类型	业务范围
高级业务 （5项）	（1）经批准发行财务公司债券 （2）承销成员单位的企业债券 （3）对金融机构的股权投资 （4）有价证券投资 （5）成员单位产品的消费信贷、买方信贷及融资租赁
禁止业务 （2项）	（1）不得从事离岸业务，除协助成员单位收付外不得从事任何形式的资金跨境业务 （2）不得办理实业投资、贸易等非金融业务

资料来源：根据《企业集团财务公司管理办法》整理。

从资产业务和负债业务来看：

（1）**资产业务**：调剂内部企业短期资金需求为主，短期贷款+同业存放+票据贴现占比靠前。

（2）**负债业务**：以吸收集团成员资金为主，债务融资缺位。

财务公司开展供应链金融业务的优势

财务公司为体系内企业提供供应链金融业务服务有着先天的优势：首先，财务公司对于集团所处产业、供应链情况的了解程度远超外部金融机构；其次，财务公司和体系内核心企业关系更紧密，可以有效依托业务往来基础拓展供应链金融服务，有效控制授信风险；再次，集团财务公司的技术平台与内部企业的信息契合度很高，方便构建供应链金融业务系统；再次，财务公司的业务范围不涉及社会公众，不会对整个金融体系构成系统性风险；最后，财务公司可以长期稳定地为集团供应链金融提供支持，相较于与外部金融机构合作，有利于供应链金融业务的战略性发展。

3.4 产业银行+供应链金融

3.4.1 产业银行

产业银行是财务公司的升级版,是财务公司转型升级、金融创新的必然方向。产业银行是未来企业集团产融战略化发展的高级阶段:产业银行立足于实体产业,以目标产业链和供应链的核心企业为依托,针对产业链和特定供应链的各个环节,设计定制化、专业化、差异化的金融产品和服务,为整个产业链上的所有企业提供综合解决方案。产业银行具有三个显著特征:一是具有鲜明的产业行业属性,二是以促进产业发展为目标,三是具有专业性、综合化和高黏性。产业银行的设立,不仅是顺应实体产业产融结合发展的历史选择,也是满足金融业专业化、差异化发展的重要方式,更是财务公司转型升级发展的重大选择。

3.4.2 产业银行必须具备的能力

提供更有竞争力的行业定制化解决方案。不同行业的经营模式不同,面临的金融痛点也有较大差异。聚焦本集团行业,打造专业化解决方案,意味着要深刻洞察行业和特定供应链需求,进而实现解决方案的定制与创新,更有能力判断与管理风险,以更好地促进产业链的发展。

实现更广泛的客户覆盖与服务。如果银行能够更好地解决行业发展的痛点,那么行业化解决方案也更容易获得产业链和特定供应链上下游企业的欢迎。可以通过聚焦本行业精准服务建立更好的客户服务和口碑。

建立更加长期、稳定的客户关系,深度挖掘客户价值。只有掌握了客户的核心需求和痛点,才可能为客户提供切实的解决方案,构建牢固的客户关系，带来持续提升的综合收益。

构建更卓越的风险管理能力，以应对经济下行，提高经营的稳定性。行业和供应链专业化意味着要建立深刻的行业洞察能力，以更准确地判断行业前景及周期性。同时可以更精准地将有限的资源投入资产较优良的领域，以提高经营的稳定性。

构建更高效的前、中、后台协同能力。行业专业化要求银行构建高效的前、中、后台协同能力。例如基于对行业的共同理解，客户经理、产品经理、风险管理人员可以更紧密地配合，以更高效的模式为行业客户提供产品与服务。

3.4.3 财务公司向产业银行转型

财务公司具有产业和金融的基础，具备更能发挥产业银行功能的基因。近几年，财务公司数量持续增加，行业不断扩大，业务创新不断加速，行业发展呈现朝气蓬勃的良好局面，已经成为我国金融体系的重要组成部分。财务公司经营规范稳健，风险管控不断完善，功能日益强化，持续发挥对集团公司、所在行业以及实体经济的支持作用，不断提高服务实体经济的效率。

财务公司作为产融结合的载体，是最贴近服务实体经济的金融机构，必须立足于企业集团，服务于企业集团，服务于实体经济，更好地发挥"产业银行"的职能：一是日益深化产融结合，财务公司支持实体经济的范围不断扩大，规模日益扩大，不断强化对实体经济的支持作用；二是日益发挥司库功能，统筹资金配置，促进传统产业升级，扶持新兴产业发展，有效支持产业转型发展；三是有效发挥特色优势，强化对企业集团的综合服务，协助企业集团实现集约化运作、集团化管理，支持企业集团降成本、增效益，促进企业集团推进产业再造，支持产业结构转型。

通过财务公司和产业银行的对比可知，财务公司转型为产业银行是一个长期工程，财务公司和产业银行不仅存在目标定位、经营方式上的差异，同时也存在监管理念、监管政策方面的差异。财务公司向产业银行的转型，有必要从金融监管上进行突破，这就要求财务公司在现有监管框架下，通过创新的发展模式、业务渠道、合作机制和风险管控等举措，逐步拓展产业银行相关业务，发挥产业银行的作用，构建产业银行发展体系。

产业银行发展的基本思路是"实业主导、依附集团、一家控股、服务产业、利益共享"。财务公司需要立足于所依托的企业集团，向与企业集团存在产业关联或者共处于产业链条上的实体经济提供综合化、专业化、高效化、多样化和个性化的金融服务，为相关产业与金融业的融合发展、协同发展以及为经济体制深化改革提供必要的金融支持，同时也要打造良好的产业链金融生态和整体竞争力，让产业链上的相关企业均能因产业链的整体发展实现更好的发展和获得应有的经济利益。产业银行是产融结合的高级阶段，是财务公司与商业银行的最大公约数，是财务公司转型的远期目标。

3.4.4　转型产业银行面临的挑战

行业聚焦和洞察能力不足：缺乏足够的行业洞察已成为财务公司向产业银行转型的重要瓶颈。比如智能制造，智能制造范围广泛，到底该聚焦服务于哪个领域、哪一类客户、提供何种差异化服务对不少财务公司而言仍是困惑。

客户精准服务能力有限：行业专业化的另一个成功要素是对行业的深刻理解，牢牢把握不同类型客户的需求和风险特征。而目前财务公司在行业与客户研究方面缺乏系统化、专业化的方法，导致无法真正了解不同类型客户的需求，也就无法提供精准服务。

解决方案创新乏力：目前财务公司仍多采用相对标准的银行产品，如对不同的客户仍提供除定价外基本相同的产品，但是不同规模的客户对产品特性要求差异化却很大。

缺乏高效的内部支撑：传统财务公司的前、中、后台分割较为明显，且没有形成统一的行业理解，即使某些财务公司在组织上做了相应的调整，但实际操作仍然是传统的离散式模式，导致前、中、后台无法真正协同。

3.4.5 转型产业银行的建议

为大力发展产业链金融，提高财务公司服务实体经济的效能，财务公司应该主动进行金融创新，提高产业链金融服务水平，保证有效的金融供给，对行业的转型发展发挥更大的支撑作用。监管当局应该要求财务公司守法经营、规范经营、稳健经营，同时鼓励产业链金融发展，日益强化功能定位，不断丰富金融供给，持续发挥对集团公司、所在行业以及实体经济的支持作用，不断提高财务公司服务实体经济的效率。

持续推进市场化改革，巩固财务公司的市场化地位。财务公司转型为产业银行将使得监管主体发生实质性变化，从银保监会、企业集团、国有资产管理机构的多重监管转换成以银保监会为主导的监管架构，企业集团以及其他监管主体的监管职能特别是现场监管权将被大大弱化。也就是说，财务公司转型为产业银行的监管变化，实际上将使得财务公司变成一个更加市场化、外部化和更具竞争力的主体，可能会获得外部的市场机遇，从企业集团的严格控制中"解放"出来，但是，也可能会失去企业集团的"母爱呵护"，必须面临市场的激烈竞争。监管机构、行业协会、企业集团等需要坚持市场化原则，大力推进财务公司市场化改革，使得财务公司能够真正作为一个市场主体而不仅是"内部银行"，积极参与各种市场竞争，适应各项市场化改革，以夯实向产业银行转型发展的市场基础。

财务公司主动作为，合法合规拓展金融服务功能。在财务公司向产业银行转型的过程中，组织架构、风险管控、信息系统建设、人才培养等是转型成功的关键因素，即使在无法获得牌照的情况下，财务公司也应该强化以下四个方面的工作。一是组织流程和管理机制的完善。以客户为中心实施扁平化、专业化、垂直化的组织架构管理模式，推动业务流程再造，实施集中化运营、精细化管理。二是建立完善的风险管理机制。完善健全产业银行的风险管理机制，保证产业银行对产业链上下游企业的资金流、物流、信息流的掌控，减少产业银行与企业间的信息不对称，运用大数据分析、风险评估等方法，加强对整个产业的风险管理。三是数字化信息系统建设。在互联网时代，云存储、网络交易等信息化技术不断发展，财务公司应当加强信息系统建设，通过产业链金融网络平台的搭建，实现"互联网＋产业＋财务公司"的发展。四是人才引进和培养。引入熟悉金融、产业、法律、信息技术和供应链管理的复合型人才。

坚持包容性监管原则，探索差异化和限制性牌照。从前一段时间我国监管体系改革的进展，特别是从民营银行的审批来看，发放差异化和限制性金融牌照是一种重要的监管思路。建议监管当局进行试点，使得产业银行成为下一类差异化和限制性金融牌照的选择之一。为了更好地支持实体经济的发展，大力促进实体产业的升级，提高金融对实体经济服务的精准性、针对性和有效性，发放具有限制性的产业银行牌照具有一定可能性。

3.5 国外企业集团自金融发展案例

3.5.1 通用电气（GE）

GE 集团与 GE 资本

通用电气成立于 1878 年，其创始人是伟大的发明家爱迪生。通用电气公司（以下简称通用）是一家提供科技、媒体和金融服务的公司。该公司的产品和服务范围广阔，从飞机发动机、发电设备、水处理与安全技术，到医疗成像、商业和消费金融、媒体内容和工业产品。目前，公司业务覆盖世界上 180 多个国家和地区，在全球拥有超过 29 万名员工。它的金融公司是全球领先的金融服务提供商，总资产仅次于美国第七大银行。

截至 2019 年年底，通用业务涵盖全球四个工业部门，即电力、可再生能源、航空和医疗保健以及其金融服务部门通用资本。电力部门提供与能源生产相关的技术、解决方案和服务，包括燃气轮机和蒸汽轮机、发电机以及发电服务。可再生能源部门提供风力涡轮机平台（硬件和软件），包括为水力发电行业提供的解决方案、产品和服务，以及陆上和海上风力涡轮机的叶片以及高压设备。航空部门提供喷气发动机和涡轮螺旋桨发动机（用于商用和军用飞机机体）及组件维修和大修服务，以及替换零件和工程服务。医疗保健部门提供医疗成像、数字解决方案、患者监测和诊断，药物发现、生物制药制造技术以及性能增强解决方案等医疗保健技术。资本部门租赁飞机、飞机发动机和直升机并为其融资，提供财务和承保解决方案。

根据通用 2017—2019 年度报告数据，上述各部门业务收入及利润比重如图 3.6 所示。

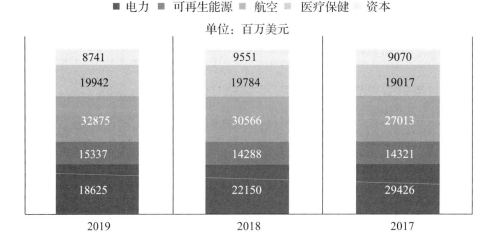

图 3.6　通用公司各部门营收情况

资料来源：通用电气公司财报。

第 3 章
信用赋能的发展阶段

通用资本是通用的金融服务部门，专注于与通用在发达和新兴市场中的工业业务保持一致的客户和市场。在全球范围内提供金融产品和服务，这些产品和服务以通用在航空、电力、可再生能源、医疗保健和其他活动方面的行业特定专长为基础，以利用特定于市场的机会。虽然将通用的工业和资本业务联系在一起具有客户利益和知识共享方面的优势，但财务和运营关系却是按公平原则维护的，就好像企业是独立的一样。

通用电气金融航空服务公司（GECAS）是一家航空租赁公司和金融公司，拥有超过 50 年的历史。GECAS 拥有多种资产，包括窄体飞机和宽体飞机、支线飞机、涡轮螺旋桨飞机、货机、发动机、直升机和材料。GECAS 针对这些资产提供广泛的融资产品和服务，包括经营租赁、售后回租、资产交易和服务以及机身零件管理。GECAS 拥有、服务或订购超过 1700 架飞机，并通过遍布全球的 20 个办事处为 75 个国家或地区的 225 个客户提供服务。能源金融服务公司（EFS）是一家能源投资商，为电力和可再生能源项目提供金融解决方案和承保，以满足不断增长的需求和可持续性发展的要求。工业金融（IF）的业务为通用提供了营运资本服务，截至 2018 年 12 月 31 日，它还提供了医疗设备融资。

通用从事的业务具有很强的竞争力，并且面临来自各种金融机构的竞争，包括银行、股权投资者、租赁公司、与制造商相关的金融公司以及保险和再保险公司。

通用资本的成功经验

（1）工业与金融的协调运作是通用集团快速成长的原动力。通用的金融业务与工业业务已经形成了战略性关系，可以相互补充和促进。通用的金融服务业通过延伸产业链为客户提供金融服务，确保实现其工业利润和产业链的持续增值。同时，稳固的工业基础和在许多行业中的领先地位已成为通用资本部门获得低成本资金和快速发展的保证。

（2）高素质的优秀专业团队。通用资本相信，只有优秀的人才和充足的资本投资才能产生巨大的利润。因此，通用资本经常召开专门会议，研究人才问题并进行每月评估。通用资本不仅汇聚了大量具有丰富金融专业知识的高端人才，而且拥有足够的工业企业管理人才。

（3）强大的专业并购整合能力。收购一直是通用资本的核心业务，通用资本被视为成功收购的典范。与大多数国内企业的金融资本向银行、保险和证券集中不同，通用专注于几乎所有可能的收购机会。通用资本从整合大量并购资源的经验中吸取了教训，并创建了一组可复制且通用的并购模型。整合并购资源的能力也是通用资本得以长期保持的竞争优势的核心能力。

（4）深入的行业专业知识和强大的新业务开发能力。通用在金融服务领域的参与度随着其国际领先的制造技术发展而逐步加深。例如，通用在航空、汽车、医疗保健以及能源基础设施技术和设备方面具有明显的优势。它的金融服务扩展到最终用户。同时，凭借自身优势，它已将业务领域扩展到房地产、租赁、媒体和企业融资。通用致力于积极发展新业务。通用资本拥有全球最大的针对新兴企业的直接扩展团队。通过实施全球化战略，它积极部署新兴市场，不断寻求快速增长，并率先进入新产业，例如新能源和环境保护，加强对新兴产业的研发投入，并取得领先地位。

（5）成熟的风险管理机制。"先走再跑"的市场模式一直是通用资本的特色之一。在投资于特定市场之前，必须首先进行仔细测试，并且不论项目大小，平等地对待项目，这些项目中的大多数是在其每月董事会会议上被提出和研究的。此外，通用资本自1970年以来已形成一套完整的风险控制程序。所有提案都必须经过严格的初步审查后提交董事会。

（6）强大的资金管理和运用能力。一是通过集中资金管理节省大量财务费用;二是依靠一般产业的支持,在资本市场上获得较高的融资评级。作为一家金融公司,通用资本从通用集团内部获得了更多的特殊支持——通用将其 AAA 工业信用等级移植到通用资本,使其能够获得比花旗集团和汇丰银行更低的资本成本,并使金融成为通用的核心竞争力之一。

(7) 动态战略调整。作为成功实施多元化经营的大型公司,通用一直在促进组织创新并灵活调整战略以实现持续增长。20 世纪 60 年代,通用采用了高度分散的组织结构。从 20 世纪 70 年代初开始,通用开始实施著名的"战略业务部门的战略规划"。2008 年金融危机期间,通用资本继续根据市场和集团需求的变化调整和优化其业务结构。通过重组业务,减少风险业务,增强现金流量,增加流动性并降低成本,通用资本保持了公司的稳定和发展。

3.5.2　西门子公司

西门子公司的基本情况

西门子公司(Siemens)是全球著名的机电类公司之一,1847 年由维尔纳·冯·西门子创立。西门子公司是一家技术公司,活跃于世界上几乎所有国家,专注于过程和制造业的自动化和数字化、楼宇和分布式能源系统的智能基础设施、常规和可再生能源发电与配电、智能铁路和公路以及医疗技术和数字医疗服务的移动解决方案。

西门子公司由西门子股份公司的母公司及其子公司组成。西门子公司在德国注册成立,公司总部位于慕尼黑。截至 2019 年 9 月 30 日,西门子公司拥有约 385000 名员工。

在 2018 财年年末,西门子公司宣布了其"愿景 2020 +"公司战略。"愿景 2020 +"的主要目标是在强大的西门子品牌下为西门子的个体企业提供更大的创业自由,以加强对市场的关注。西门子公司在 2019 财年实施了新的组织结构，包括三个运营公司，分别是数字化工业、智能基础设施和天然气与电力以及三个战略公司，分别是西门子医疗、西门子歌美飒和筹备中的西门子阿尔斯通。这六块业务合起来被称为"工业业务"。西门子金融服务公司（SFS）支持西门子公司的工业业务，并且与外部客户开展自己的业务，在西门子公司的财报中，金融服务仍然是工业业务以外的独立部分。

西门子金融服务公司的业务情况

（1）西门子金融服务公司的基本情况

西门子金融服务公司（SFS）以债务和股权投资的形式提供租赁解决方案和设备，通过项目和结构融资来支持其客户的投资。基于其在西门子公司业务领域的综合融资知识和技术专长，西门子金融服务公司为西门子成员客户及其他公司提供财务解决方案。最初，西门子公司的金融业务全部集中在总部财务部（又称中央财务部）。1997年，西门子公司将除集团财务政策制定和指导职能以外的全部金融业务职能完全从总部财务部分离出来，成立了西门子金融服务公司，作为负责具体金融业务运作的全职部门。2000年4月，西门子金融服务公司正式从职能部门进一步发展成为总部100%控股的独立法人，以适应金融市场及自身发展的需要。

从管理结构来看，西门子公司的首席财务官（CFO）主要负责两项业务：中央财务部（CF）和金融服务公司。其中，中央财务部负责整个集团的财务战略和政策制定，而西门子金融服务公司负责政策的实施和特定运营。由于西门子金融服务公司完全为集团内的成员公司提供服务，因此根据德国相关法律，其业务发展无须申请相关金融许可证，也不需要受德国中央银行的监管或受其他政府机构的限制（企业年金管理及其咨询业务的发展需要相关管理部门的批准）。西门子金融服务公司的业务模式如图3.7所示。

第3章
信用赋能的发展阶段

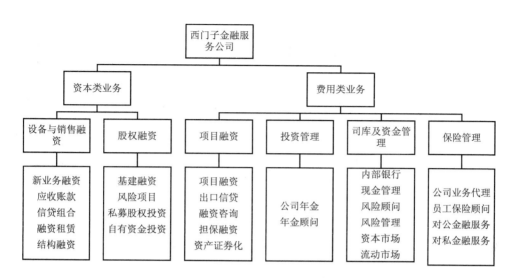

图3.7 西门子金融服务公司业务模式

资料来源：西门子公司财报。

西门子金融服务公司不仅是西门子公司的"内部银行"，而且还负责流动性管理、现金流量集中、资产和负债结构的优化以及资本风险的管理。同时，它还能为所有西门子成员公司提供专业、全面的财务咨询服务和财务支持，例如资金管理、项目和贸易融资、内部结算、信贷、应收账款管理、票据清算、年金管理等。

西门子金融服务公司通过这种业务设置和职责划分，实现了其作为西门子公司机构和法人的职能，具有专业优势和技能，可提供全方位的金融服务，同时可以降低财务风险和成本，满足集团的战略需求，并提高金融服务的竞争优势。

（2）西门子金融服务公司的业务模式及价值

西门子金融服务公司的主要业务模式是通过资本优势和财务专业知识为西门子公司及其全球商业客户提供支持。它的业务重点是：为三个关键行业（能源、基础设施和医疗）提供技术咨询和融资服务；发挥集团在关键事件和相关行业方面的专业优势，作为内部财务风险专家，为每个业务部门提供财务支持和专业风险管理服务。西门子金融服务公司的主要功能如下。

一是集中资金管理。资本集中和资金池管理也是西门子金融服务公司最成功的地方，其具有以下特征：第一，西门子公司对其成员公司的资本集中是强制性的，并且公司要求每个成员都必须按照规定进行资金集中。第二，西门子公司只对控股公司（持股在50%以上的公司）进行资金集中。第三，西门子金融服务公司对银行账户实施分层管理。根据不同合作银行之间分工不同，最终合到欧元、美元和英镑等几个主要的中心资金池。在同一银行内部，资金池之间可以直接流动，但在不同银行之间，现金流动需要经过更高级别的资金池。第四，西门子公司与合作伙伴银行之间的"资金池协议"基于零余额账户（ZBA）。一些银行出于客观原因可能无法提供零余额账户，因此它们需要提供虚拟资金池以确保资金高度集中。

西门子公司通过资本集中和资金池管理，满足了公司的资本需求，为各业务单元的发展提供了资本，具备了较高的资本和财务风险管理水平，并为旗下的工业公司提供了个性化的融资服务。例如，在俄罗斯铁路项目中，西门子金融服务公司充分利用了其在金融领域的优势，通过与银行的密切合作，它为铁路公司项目制定了个性化的融资计划，并提供了个性化的金融解决方案。该项目还获得了《贸易金融》杂志的2010年"年度最佳想法奖"。

二是发挥金融与产业的协同作用。借助行业专业知识提供融资服务，主要提供能源、工业和健康领域的融资安排，涉及消费者融资、资本融资和债务融资。例如，西门子金融服务公司对医疗行业有深入的了解，能为医疗客户提供财务解决方案，通过客户对美国一家银行的深入了解，在五周内就完成了美国国家犹太医院（1300万美元）的项目，通过产融结合加深了医院对西门子的忠诚度。

三是利用自有资金进行投资。把以自有资金作为对新技术的试验性投资投入新技术领域，以支持西门子公司对核心产业的研发。例如，西门子金融服务公司使用自有资金作为资本投资以色列的一家太阳能公司，并负责全面的项目管理，充分发挥西门子在新能源领域的优势，并将该公司用作实验基地，走出基地，提高新兴产业的技术和市场竞争力。

四是发挥战略服务作用，把握公司整体战略，推动战略实施。西门子金融服务公司共有四个业务部门，包括商业融资部、股权投资部、保险部、资本和投资部。还有一个部门负责集团的战略管理和并购，并设有一个全球基金管理团队，为整个西门子集团服务。

3.5.3 三菱集团

三菱集团产业发展的历程

三菱集团是日本比较典型的产融结合型企业集团，该集团起源于1871年岩崎弥太郎开办的一家海运公司。目前，在工业方面，三菱集团旗下拥有世界知名的三菱汽车、三菱电机和三菱重工等日本最大的工业企业；在金融业方面，三菱集团拥有世界上最大的商业银行，日本最大的信托银行、财产保险公司和人寿保险公司；在贸易方面，还拥有世界上年营业收入最高的商业企业。

目前，三菱集团在工业方面以重工业、化学工业部门实力最为雄厚，拥有日本最大的综合性重工业企业——三菱重工。三菱重工是岩崎家族1934年将三菱造船公司和三菱飞机制造公司合并建立的一家工业公司。1970年，三菱汽车工业公司从三菱重工分离出来，现已发展为世界上最大的汽车制造厂之一，年销售收入超过了三菱重工。除此之外，三菱集团还有不少在各自产业领域中占首位的大型企业，如三菱电机、三菱化工机、旭硝子玻璃等。

在商业企业方面，三菱集团旗下三菱商事的前身，可以追溯到1896年成立的煤炭销售部门。该部门1899年改名为三菱合资公司营业部，当时主要销售煤炭和铜，并从事出口业务，1954年通过兼并整合成立三菱商事。由于三菱集团拥有强大的金融实力和诸多大型企业，使三菱商事处于非常有利的竞争地位，从 1968 年起，三菱商事成为日本最大的超级综合商社，是世界上最大的贸易公司之一。三菱集团内实力雄厚的工业企业和商业企业结合起来成立了"金曜会"，共有成员企业 29 家，这是三菱企业集团的核心力量。除"金曜会"成员外，还有 32 家属于准三菱集团成员的大企业。

三菱集团产融结合现状

三菱集团进军金融业最早可以追溯到 1885 年收购日本第 119 国立银行，之后于 1919 年建立三菱银行，最终发展成为现在的三菱东京银行，也是目前日本最大的银行，并以此为核心构筑了三菱集团的金融平台。目前，三菱集团旗下拥有三菱东京银行、三菱信托银行、明治生命保险、东京海上火灾保险等实力雄厚的金融企业，如果把三菱系金融机构的资金力量整合在一起，在世界上也是数一数二的。这些金融机构是三菱集团内的核心，通过与集团内核心工商业企业的股权结合，彼此紧密联系在一起，相互帮助，共荣共生。

东京三菱银行是在 1996 年由东京银行和三菱银行合并而成的。当时，东京银行是日本政府唯一指定的外汇专业银行，也是世界最大的外汇专业银行。三菱银行则是日本也是世界最大的商业银行，一直以来都是三菱集团的核心机构。三菱银行和东京银行合并后，充分发挥各自领域内的核心优势，构筑了发达庞大的国内外业务网络，极大地发挥了银行的规模效益，产生了巨大的协同效应和规模效应。

三菱信托银行是岩崎家族于 1927 年建立的，是三菱集团的重要机构，目前是日本最大的信托银行，也是世界最大的银行之一。在日本，信托银行是产业和金融资本结合的重要形式，往往持有重工业公司的大量股票，为重工业的发展提供长期稳定的资金来源。与其他信托银行一样，三菱信托银行也对三菱集团工业企业的发展起到了重要的推动作用。

明治生命保险公司是岩崎家族 1881 年建立的日本第一家寿险公司，目前也是日本最大的寿险公司。长期以来，巨额的资金来源和资金积累使明治生命保险公司不仅成为三菱的大股东，也使它成为其他许多日本大企业的大股东，明治生命保险公司获得的巨额长期资金为三菱集团的发展创造了条件。

东京海上火灾保险公司是岩崎家族于1879年创立的，目前是日本历史最悠久、规模最大的财险公司，和明治生命保险公司一样，东京海上火灾保险公司也持有三菱和其他大公司的股票，是许多公司的大股东。

三菱集团产融结合的特点

（1）银行在三菱集团的工业和金融一体化中起着领导作用。第二次世界大战后，银行业为日本企业的重建提供了大量的资金援助，使企业集团在较短的时间内迅速发展，形成了大型的现代化、集团化和国际化的公司，并增强了国际竞争力。在三菱实现产融结合的过程中，银行业一直发挥着根本作用。时至今日，三菱银行仍在整个三菱集团中占有重要地位。三菱银行是三菱集团几乎所有公司的最大股东。三菱银行、三菱信托银行、明治生命保险公司、东京海上火灾保险公司和其他三菱金融机构都拥有出色的综合金融能力。

（2）企业集团内部的商业企业与金融企业相互持股，又互不隶属。三菱集团产融结合模式属于商业企业与金融企业相互持股、互不隶属的非控股型，即企业集团各成员之间相互持股，各成员之间的关系只有兄弟关系，不存在母子关系。各企业彼此成为对方的大股东，形成了一个环环相扣的股权结构。其中金融机构和商社是这个相互持股体系的核心。这也是日本大型企业集团普遍采用的产融结合模式。

简而言之，对于三菱集团而言，产融结合的实施为企业集团的快速发展和扩大规模、建立抵御跨国公司竞争的防御体系以及增强国际竞争力做出了巨大贡献。

Chapter Four

第 4 章

数字债权凭证的技术和法律基础

Chapter Four

4.1 iABCDE 驱动金融科技革新

随着中国人民银行印发《金融科技（FinTech）发展规划（2019—2021年）》，金融科技成为工业企业金融企业开展业务的重要手段。在科技驱动产业金融的同时，打造具有竞争力的服务和助推产业创新升级，是提升我国综合国力、迈向科技强国的必由之路。以 iABCDE（物联网 IOT、人工智能 AI、区块链 Blockchain、云计算 Cloud–Computing、大数据 Data Analytics、边缘计算 Edge Computing）为代表的新兴技术在金融创新中扮演重要角色，驱动供应链金融在各环节实现突破，成为发展数字经济的新引擎。

表 4.1 iABCDE 技术的基本信息

	科技类型应用及优势	金融创新应用举例
物联网	实现商品实时追踪：使产业及金融配套服务"随时随地"成为可能 加强实时数据采集与传输：提升产业金融服务效率	汽车保险公司在核保、理赔、反欺诈等关键环节融入物联网技术应用，为客户提供更加个性化的服务，从而优化客户与车险公司间的关系

(续)

科技类型应用及优势	金融创新应用举例
人工智能 突破生产力瓶颈:在智能投顾、金融预测与反欺诈、融资授信、安全监控预警、智能客服等领域代替人工服务	通过人工智能技术在智能风控、智能投顾、智能客服等领域为金融行业内的各类型客户提供智能化服务
区块链 构建征信体系:产业可以运用区块链技术解决数据主权和可信度问题,借助区块链技术建立信用体系,为产业金融服务提供信用支持	通过应用区块链技术,构建区块链共享平台,实现信息共享,在企业的信用排查、商业尽调等方面提供科技赋能
云计算 优化数据存储:支持全量非实时、增量实时数据接入,降低数据存储运营成本 支持数据计算:包括流式计算、离线计算、内存计算	构建云服务平台为产业链上下游企业提供生产与贸易信息存储、离线计算、云计算等服务,以数据驱动企业日常业务经营活动
大数据 赋能精准营销:产业金融客户的识别、获取及精准销售等 提供风控保障:建立征信风控数据,为中小企业信用提供依据	大数据解决方案已广泛应用于传统金融领域,各大金融机构开展数字化转型,在数字化营销、大数据风控方面利用数据资产开展业务
边缘计算 实时快速高效:更快速地响应指令并进行决策,大幅提高金融业务的交易效率 智能安全节能:更好地保护客户隐私数据,并能够防范实时欺诈	通过边缘计算的方式,结合5G与物联网,可实现对数据分析的快速反应,提升计算效率的同时,保护金融客户的数据安全

资料来源:根据普华永道《产融2025:共生共赢,从容应变》整理。

4.2 数字债权凭证的技术基础

4.2.1 区块链的定义和关键技术特性

比特币发明者中本聪(Satoshi Nakamoto)对最初描述的区块链概念进行

了改进，其目的是克服某些问题，让这项技术更具可扩展性。本节介绍了比特币区块链的主要技术特性，以及与其他项目最相关的改进。然后，我们将研究其他更一般的术语，如"分布式总账技术"或"密码技术"，它指的是在分布式数据库系统上使用数据组一致协议传输和/或存储数据的所有技术。"分布式账本技术"和"区块链"这两个术语可以互换使用，因为术语仍在不断发展。

点对点的价值交换系统

比特币作为一种快速、安全、无国界的货币，为日益增长的支付系统需求提供了一种解决方案（Antonopoulos，2014）。然而，一种完全可行的数字货币——或任何数字资产，如股票、债券或许可证——的出现带来了两个主要的技术问题：真实性的确认和避免重复支付。

与实物资产不同的是，数字现金或其他数字资产只是一个计算机文件（比特序列），就像任何其他数字文件一样，它们可以被复制。如果没有中介机构保存账户持有人的账户余额（如现金或证券账户余额）的分类账，人们简单地发送文件并保留副本，就可以轻松实现"一女多嫁"。这就是所谓的"重复支付"问题。为了防止这种情况的发生，每一张钞票在使用时都必须在线核对中央总账（Cham，1992）。因此，需要一份完整的数字资产交易的权威记录。中本聪提出了解决这两个问题的方案，即依赖一个不断更新和公开分布的账本系统，该系统结合了公钥或私钥加密技术和该系统特有的共识机制，包括群组共识机制、工作证明机制等。

Schollmeier（2002）将点对点网络定义为一种分布式网络架构，其中的参与者共享他们自己的一部分硬件资源，如处理能力或存储容量。这些共享资源是提供网络服务和内容所必需的（用于共享、存储文件和进行协作的网络空间），其他对等方可以直接访问这些资源，而无须通过中介实体。例如，与当前的银行系统不同，比特币交易是由网络上的众多参与者记录和存储的，而不是在任何专有的中央服务器上进行，因为在后台不需要对账或发起任何人工干预，交易可以在几分钟内完成。

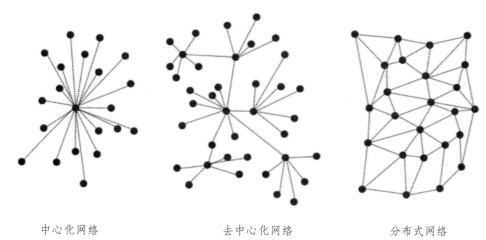

中心化网络　　　　　　　去中心化网络　　　　　　分布式网络

图 4.1　中心化系统到分布式系统的图示

资料来源：Swanson 2015。

正如 Dykes（1995）所提到的，数字货币要想被广泛地接受，就必须获得并保持公众的信任。因此，必须不惜一切代价防止假冒。由于数字货币只是代表价值的比特，数字货币交易必须以可防止在运输、收到或储存过程中被篡改的方式进行（Dykes，1995）。区块链就是一个共享的数据库，其中所有事件都由一个体系结构分布式对等网络以块的形式注册。"时间戳服务器"是指所有交易都带有"时间戳"，以证明数据必须在给定时间就已经存在，并按时间顺序对区块进行排序。然后，将每个新区块与之前的区块加密连接，以增强整个交易的完整性。所有交易的历史定义了比特币的所有者，创建了事实上独一无二的资产（数字令牌），无法复制。理论上对于像比特币这样的数字加密货币在支付后，恶意参与者无法重改该过程（即包含了记录该笔交易区块的那条链），也就无法取消交易和使用该数字货币进行多次支付。

防止篡改的解决方案是由数字签名提供的，这是迪菲（W. Diffie）和赫尔曼（M. Hellman）在 1976 年首次提出的概念，中本聪将其整合到自己的区块链设计中。数字签名将消息（即事件）转换为加密签名的文件，以便任何人都可以确定是谁发送的。签名使用了一个用于对消息进行签名的私钥和一个用于对其进行验证的公钥，因此只有通过私钥签名的消息才能通过公钥进行验证。这个过程称为加密证据，和数字货币被定义为一系列数字签名（Chaum，1992）。因此，拥有解锁数字货币的钥匙就相当于拥有现金，如果私钥丢失，那么相应数字钱包中包含的所有数字货币也将丢失（Antonopoulos，2014）。

与统治主流经济的中心化系统相反，分布式账本方法通过基于哈希的工作过程的证明，将责任和控制分配给整个网络，更重要的是，将责任和控制分配给单个用户。如前所述，私有密钥是数字资产所有权的唯一证明，而保护私有密钥则是安全问题，因为一旦被攻击，数字钱包的全部内容就会丢失。这是因为在区块链数据库中没有个人数据，交易是匿名的。虽然有了数字化货币，将数字化现金存在不同的钱包里是可能解决问题的，但是如果产权或担保权益也在区块链上进行注册，这个问题就会变得更加关键。财产所有权和担保权益实际上更有价值，而且不可分割，然而，司法机构不太可能能认可区块链上的产权（Sams，2015）。此外，如果一些专业的初创公司在不久的将来提供私钥安全服务或"冷钱包"的离线存储，那么适当地保护私钥将成为大规模采用区块链的前提。

公钥或私钥密码术

哈希函数将消息作为输入并产生一个输出，该输出被称为哈希代码，或简单地称为哈希。无论将什么数据放入这些函数（字符串）中，它们都将返回一个相同位大小的随机数，因此无法预测给定某个输入时它们将返回什么。此外，散列是一个单向函数，不能对其进行解密，从而提供了防止篡改的安全性。加密哈希函数的基本思想是，哈希值充当输入字符串的紧凑代表图像（有时称为压印、数字指纹或消息摘要），并且可以将其用作与该字符串唯一

第 4 章
数字债权凭证的技术和法律基础

可识别的图像（Menezes，1995）。

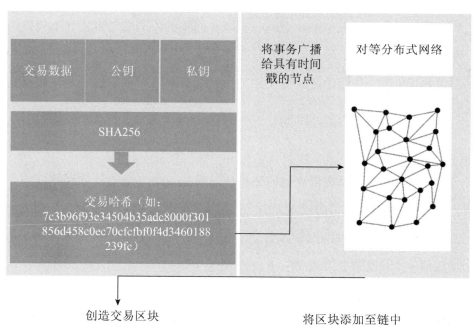

图 4.2 （比特币）区块链协议

群组共识机制

分散的财产系统提出了一个问题,即在网络的不同参与者之间如何保持一个统一的数据。为了使各节点就总账的实际状况达成一致,需要一种明确的群组共识机制。比特币区块链使用工作证明(PoW)共识机制来实现群组共识机制。

工作证明机制

工作证明机制包括在创建新的交易块时解决一个复杂的计算问题(一个散列问题)。协商一致的协议基于一个难以解决但易于验证的问题,从而避免了其他节点为了接收数据而重做整个工作证明的可能性。通过这种机制,每个块与前一个块连接,形成一条链。

遵循哈希函数的原则,其思想是使用所有事件的哈希将时间戳(例如1456916388)插入到输入中,并使用前一个块的头哈希和一个称为"随机数"的任意数字(Nakamoto,2009)。这些块被称为"链链接",因为哈希函数包含前一个区块的头哈希。除了随机数之外,所有其他的输入都是给定的。现在要解决的问题是找到正确的随机数,它生成一个输出散列(新头散列),其值以大量的零开始。找到一个以给定数量的0开头的哈希是一项艰巨的计算任务,解决这个问题的唯一方法是通过迭代(Antonopoulos,2014)——计算机被要求运行数十亿次哈希计算,直到它解决这个问题。这个计算出来的随机数是"工作证明",为找到它而进行的工作称为挖矿。

每当节点解决散列问题时,它将候选块连同工作证明一起传递给其他节点,以便它们可以通过将这一随机数插入散列函数来验证它。在大多数情况下,输出以相同数量的零开始,则接受该块,并且节点开始在该块上散列,继续该链。通过工作证明机制,比特币保护了网络和交易数据库的完整性,使得区块链在增加一定数量的块之后仍然是不可变的。

第 4 章
数字债权凭证的技术和法律基础

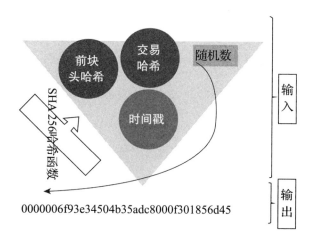

图 4.3 生成 SHA256 "时间戳" 块哈希头

自比特币诞生以来，工作证明机制共识协议的替代方案层出不穷，如脚本工作证明、多算法工作证明或混合算法工作证明等，都可以加速块生成时间（Antonopoulos，2014）。例如，BlackCoin 使用一种称为"股权证明"的不同验证过程。在这个系统中，生成块的节点不是为了解决工作证明，而是为了在被网络接受之前提供一个访问一定量比特币的证明。这种替代验证过程将预期的每个块的验证时间减少到不到一分钟。

关于哪种验证过程能够同时最好地保证速度、效率和安全性的争论似乎还没有得到解决，但是工作证明似乎是最常用的过程（Antonopolous，2014）。由于实际的块大小被限制在 1 MB，它每秒只能处理 7 笔交易，但不幸的是，这不足以满足经济需求。相比之下，Visa 的网络每秒可以处理 1000 多笔交易。2013 年，纳斯达克发布的一份官方报告称，该系统在一个交易日内每秒可以处理 100 多万笔交易。

私有和公共分布式验证网络

即使在今天，无许可的公共区块链也需要工作证明，这限制了其更广泛的应用。此外，爱尔兰国立大学 2014 年的一项研究得出结论，在合理假设下，用于生成（比特币）区块链并保持系统运行的能源消耗与爱尔兰的全部能源消耗相当。研究还得出结论，考虑到单个矿工（即更新区块链的网络参与者）的成本超过了回报（O'dwyer 和 Malone，2014），整个"行业"在理论上是有缺陷的。

此外，比特币挖矿的行业主要由不知名的团体（大型的挖矿者）组成，其中很多人在思想上反对成立公司这种组织形式，或者在法律制度不健全的国家，这样就给监管带来了巨大难度，也造成了极大的风险（Greeenspan 2015）。例如，比特币网络由一个大型的挖掘池控制，如 Bitfury 或 F2Pool（Bitcoin. info），它可能控制 51% 的哈希计算能力，并重写最近创建的块中包含的信息。因此，这种可能性可能会破坏资本市场对金融交易不可撤销性和终结性的监管要求（Swanson，2015）。

基于这些原因，许多金融机构已经开始产生了拥有自己的私有网络或联合系统的想法，这些私有网络或联合系统具有预先选定的可信验证节点，这些节点被称为"许可分类账"（permissioned ledgers）。正如国际金融研究所（IFF）2015 年发表的一篇论文所强调的那样，这一概念显然与比特币以及许多其他加密货币或替代服务提供商的完全去中心设计相冲突，但它可能仍然适用于金融行业。

本质上，这些解决方案并没有使用硬计算技术（如工作证明）来保护一个完全公开且不受控制的网络，而是创建了一个访问权限受到严格控制的系统，其中修改甚至读取区块链状态的权限仅限于选定的用户。

Buterin 确定了两类许可的区块链应用程序，联盟区块链和完全私有的区块链。联盟区块链是分布式账本系统，其中共识过程由一组预先选定的节点控制。例如，一个由 15 家金融机构组成的财团，每个机构都有一个节点，其中 10 家必须在每个节点上签名，才能使该节点有效。阅读区块链的权利可以是公开的，也可以仅限于参与者。在完全私有的区块链中，权限仍然集中在

第 4 章
数字债权凭证的技术和法律基础

一个组织,阅读权限可以是公开的,也可以限制在封闭的参与者中。可能的应用场景包括单个公司的数据库管理,审计或其他内部使用,因此在许多情况下根本不需要公开可读性。

被许可的区块链的优点是无须进行复杂的计算块创建,验证节点是众所周知的(Greenspan,2015)。这允许更快的验证过程和增加的可伸缩性,因此它们更适合主流经济的交易量,对监管者和立法者更有利(IFF,2015)。

智能合约

以太坊项目是区块链领域的主要创新之一。2013 年,它的发明者之一 V. 布特林(V. Buterin)在一份白皮书中首次提出了它的核心原则。Ethereum 是一个开源的 BCT,内置了一个完整的图灵编程语言。完整的图灵编程语言允许任何人在区块链上创建和编写代码、发布命令和分散的应用程序,以创建自己的所有权、事务格式和状态转换函数的任意规则,这些规则基本上是作为一个小型计算机程序运行的。因此,数字资产可以由一段执行任意规则的代码直接控制,这一原则在 20 世纪 90 年代由 N. 萨博(N. Szabo)首次提出,并命名为"智能合约"。对于 N. 萨博来说,智能合约是一种执行合同条款的计算机化交易协议。智能合约设计的一般目标,是要符合一般的合约条件(例如付款条件、留置权、保密甚至强制执行),尽量减少恶意及意外的特殊情况,以及尽量减少对可靠中介人的需要。

弗勒德(Flood)和古迪纳夫(Goodenough)(2015)阐述了如何用计算术语直接描述法律规则和随之产生的金融契约结构。它们证明契约是一种状态转换系统,是将关系从一种状态转换到另一种状态的转换规则。这些状态是由某些预定义事件的实现触发的(例如"到期日期已过""已装运货物""100 万伦敦银行同业拆放利率 = 0.45")。区块链驱动的智能合约可以对这些事件(作为输入)做出反应,并确保合约在不受信任的实体之间准确执行(提供输出),而不需要任何一方修改(并滥用)编写的程序(Swanson,

2015)。

区分智能合约和普通合约有三个关键要素（Swan，2015）：

（1）自治：一旦智能合约启动并运行，它就不需要与启动代理进行进一步的联系。

（2）自给自足：聪明的合同能够独立管理任何类型的资源。例如，智能合同可以通过提供服务或发行股票来筹集资金，并可以将这些资金用于所需的资源，如处理电源存储。

（3）去中心化：智能合约注册到区块链中，并因此在一个广泛的节点网络中分布和自我执行。

根据兰（Lang）（2015）的观点，智能合约可以对外部事件做出反应，并且可以应用于区块链之外的资产。首先，双方确定条件、托管资产和义务，并在区块链上注册智能合约。一旦在指定条件下建立的事件触发合约执行，编程逻辑将根据所满足的条件自动进行价值转移。对于区块链上的数字资产（如比特币），账户将自动结算；而对于区块链外的数字资产（如证券、股票），当链外账户与结算指令匹配时，账户将被视为结算。

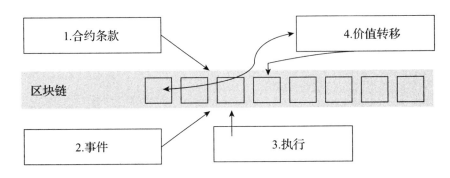

图4.4　智能合约建立和执行中的连续操作

输入的信息是否必须在智能合约的相同区块链上，就这个问题尚无定论。因为根据格林斯潘（Greenspan）（2016）所认为的，输入必须提交一个一致的过程，否则网络无法就某个输出状态达成一致。Gendal（2015）也同意，成功的智能合约执行取决于发送给它们的输入的质量。另一个临界点是法律框架中的编码语言知识薄弱（Flood and Goodenough，2015），其结果是司法机构很难将智能合约视为实际有效的法律合同（Swanson，2015；Gendal，2015）。

4.2.2 区块链技术的分布式记账模式概览

如前所述，可以通过经验证的节点的专用网络或通过共享的无许可公共节点维护分布式账本。到目前为止，比特币是最大的网络，有超过4000个节点（比特币信息）。区块链代码通常是开放源码的，这意味着开发人员可以通过维护和增强软件，或者通过补充产品、服务或应用程序来进行创新工作。由于开源软件可以用于商业目的（opensource.org，2016），大量成功的密码项目都使用了市值最高的三大共享账本提供商（如比特币、以太坊和Ripple）的开源协议。

表4.2 分布式账本方法的前景

	传统中心化数据库	完全私有分布式记账	联盟分布式记账	公有分布式记账
网络	许多专用网络（内部网VPN）	私人（局域网）	私人验证/公用分类账（内联网）	公共（互联网）
协议	EDI，HTTP	任何开源协议，修改的或自有的协议	任何开源协议，修改的或自有的协议	开源协议（如比特币、以太坊）
验证机制	手动，仅有内部协议的自动化	在参与节点之间组织	在参与节点之间组织。低难度的PoW或PoS的完整性	通过PoW或PoS
脚本系统	图灵—完整	图灵—完整或受限的脚本	图灵—完整或受限的脚本	图灵—完整或受限的脚本

(续)

	传统中心化数据库	完全私有分布式记账	联盟分布式记账	公有分布式记账
安全性	中心有组织的身份识别系统和昂贵的私人数据存储	分散的、有组织的身份识别系统（节点是已知的，可以合法地检控）	分布式有组织的身份识别系统（节点是已知的，可以合法地检控）或PoW、PoS	通过PoW或PoS和密码学理论
隐私性	中心化存储数据的保密性	参与者之间的组织	通过密文	通过密文

4.2.3 区块链技术的关键特征

区块链最初的设计目的是仅通过以数字货币的形式转移价值，其交易逻辑是设计一个通证系统，可以简单地将余额从一方转移到另一方，无须第三方参与（Dermody，2015）。这意味着，区块链所涉及网络的事务中最大的问题只剩下如何记录数字资产中的余额，以及如何进行多签名身份验证。在区块链中集成数字资产的系统可以使用彩色硬币（一种开源协议）对资产发行进行编码，并将其转换为加密硬币（en.bitcoin.it）。区块链可以用作一个安全的、公开的、只支持附加的存储，它使用时间戳和加密签名散列，散列表示资产或文档的交易，并验证资产的所有权和文档的有效性。这无须使用第三方托管服务、公证员或任何可信任的第三方，并允许高水平的"直通处理"（STP）。

借助图灵完备的区块链（例如以太坊），该技术现在具有实施更广泛的软件例程的能力，包括通证系统提供的全部功能，也开辟了可以直接代表金融证券（例如智能债券）和工具的可能性，同时还避免了中心数据库模式的所有相关缺点。

刘易斯（Lewis，2015）确定了区块链和DLT的两种用途：数字令牌和活

第 4 章
数字债权凭证的技术和法律基础

动注册。数字令牌是一种资产（如数字货币、债券或股票）的表示，它的所有权是通过区块链进行跟踪的，因为交易是通过网络（如私有或公共）进行注册和验证的。活动注册中心通常以哈希的形式安全地存储数据，哈希是一种标准化信息的"指纹"（例如，贸易事实或身份信息）。区块链上的散列证明，给定的事实存在于具有时间戳的时间，并且签署这些事实的各方都同意这些事实。

为了评估可能的应用，我们列出了前几节分析的技术方面的关键特性。区块链作为公证的能力，进行交易的清算和结算，自动处理合同关系，提供不可变（公共）数据存储设施，提供透明的实时数据。

(1) 公证

由于基于时间戳的哈希算法可以"管理"发布式分类账，因此无须中间人（例如公证人）就可以自动对其中注册的所有信息进行身份验证和添加时间戳。感兴趣的各方可以肯定地知道，给定的信息在特定的日期和时间存在。在区块链中哈希文档的功能性保证了其真实性并防止了潜在的篡改。

(2) 清算与结算

作为潜在用途，区块链允许任何类型的数字资产或资产表示的转移，而不需要可信的第三方，通过私有/公共密钥加密和使用分布式账本的交易和处理的有效结算。现金或证券几乎实时的进行结算，因为当对区块链的下一次更新被验证时，交易就完成了。这将消除在结算周期内交易后批准、确认和中央清算的需要，并减少数据错误、纠纷和调节滞后的范围，从而加快端到端流程（Oliver Wyman 和 Euroclear，2016）。

(3) 合同关系的可信自动化（例如智能合约）

正如所见，智能合约允许自动处理契约关系并更改分布式分类账上的资产状态。这一概念催生了"智能债券"的概念，即能够自动执行公司行为和现金事件（利息支付、到期时的名义金额赎回、分割、敲出事件等）的证券。

程序在区块链上接收外部输入的可能性表明，外部事件（例如，收到的商品）可能会改变给定数字资产的状态转换（例如，如果收到良好的商品，然后将 20000 美元退还给供应商 ELSE），则会减少或消除交易对手交易关系中的风险。

（4）不可变的数据存储

在网络中存储的正在进行的数字链中的时间戳事件、文档或任何类型的资产提供了不可变的数据存储能力。数据分布在参与者之间，没有一个参与者可以删除它们。不可变的交易历史还可以在供应链中提供一个拥有链，提供一个明确的出处指示，并允许跟踪交易产品。

（5）透明的实时数据

根据奥纬咨询（Oliver Wyman）和欧洲结算系统（Euroclear）最近的一份工作报告，这项技术在金融领域的主要好处来自于它提供了透明实时数据的能力。区块链的这种特殊性可以消除对数据充实（例如将贸易数据与结算数据对应）、对账方之间的对账和解决纠纷的需求。参与者可以在交易时间之前选择性地向其他交易对手披露受信任的数据，以提高自身价值的确定性，从而降低风险或信贷敞口。

4.3 数字债权凭证的法律基础

4.3.1 票据的内涵和外延

票据的定义

广义的票据泛指各种有价证券和凭证，如债券、股票、提单、国库券、发票等。狭义的票据所创设的权利仅为金钱债权，票据持有人可对应票据记载的一定数额的金钱向票据的特定债务人请求付款权。

第 4 章
数字债权凭证的技术和法律基础

狭义的票据范畴是由《中华人民共和国票据法》规定的，根据《中华人民共和国票据法》第二条，票据，是指汇票、本票和支票。故此处狭义的票据仅指出票人根据《中华人民共和国票据法》签发的，由自己无条件支付确定金额或委托他人无条件支付确定金额给收款人或持票人的有价证券。

票据的功能

票据主要有支付、结算、信用和融资四种功能。

票据的分类

汇票是出票人签发的，委托付款人在见票时或者在指定日期无条件支付确定的金额给收款人或者持票人的票据。银行汇票是出票银行签发的，由其在见票时按照实际结算金额无条件支付给收款人或者持票人的票据。商业汇票是出票人签发的，委托付款人在指定日期无条件支付确定的金额给收款人或者持票人的票据。

支票是出票人签发的，委托办理支票存款业务的银行或者其他金融机构在见票时无条件支付确定的金额给收款人或者持票人的票据。

本票是出票人签发的，承诺自己在见票时无条件支付确定的金额给收款人或者持票人的票据。

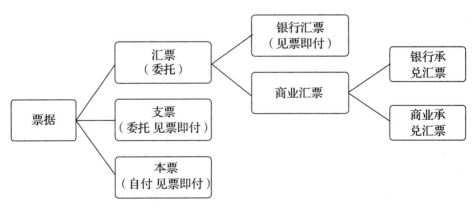

图 4.5 票据的分类

汇票、本票和支票

根据票据的当事人、出票人、主债务人、付款人、担保承兑付款和期限的不同，汇票、本票和支票的区别如下表所示。

表 4.3 汇票、本票和支票的比较

票据种类		当事人	出票人	主债务人	付款人	担保承兑付款	期限
汇票	商业汇票	出票人付款人收款人	企业	承兑前—出票人承兑后—出票人	委托他人付款	出票人或承兑人（如另有承兑人）	即期或远期
	银行汇票		银行	出票人		出票人	即期
支票		出票人付款人收款人	企业或个人	出票人	委托他人付款但受托人只限于银行或其他法定金融机构	出票人	即期
本票		出票人付款人收款人	银行	出票人	约定本人付款	自负付款责任	即期

商业承兑汇票和银行承兑汇票

商业承兑汇票是指由出票人签发交由付款人承兑，或由付款人签发并承兑的票据。

银行承兑汇票是指由在承兑银行开立存款账户的存款人签发、经承兑银行承兑，在指定日期无条件支付确定金额给收款人或持票人的票据。

商业承兑汇票由银行以外的付款人承兑；银行承兑汇票由银行承兑。承兑人的信用程度进一步对票据的信用程度与可回收性产生影响。

纸票与电票

按照法律要求，纸票需列明的记载事项分为绝对记载事项和相对记载事项。绝对记载事项如不记载，票据即无效，根据《中华人民共和国票据法》第二十二条规定，汇票必须记载下列事项：（一）表明"汇票"的字样；（二）无条件支付的委托；（三）确定的金额；（四）付款人名称；（五）收款人名称；（六）出票日期；（七）出票人签章。汇票上未记载前述规定事项之一的，汇票无效。相对记载事项，如未记载，适用法律规定，根据《中华人民共和国票据法》第二十三条规定，汇票上记载付款日期、付款地、出票地等事项的，应当清楚、明确。汇票上未记载付款日期的，为见票即付。汇票上未记载付款地的，付款人的营业场所、住所或者经常居住地为付款地。汇票上未记载出票地的，出票人的营业场所、住所或者经常居住地为出票地。

电子商业汇票是指出票人依托电子商业汇票系统，以数据电文形式制作的，委托付款人在指定日期无条件支付确定金额给收款人或者持票人的票据。电子商业汇票分为电子银行承兑汇票和电子商业承兑汇票。电子银行承兑汇票由银行业金融机构、财务公司承兑；电子商业承兑汇票由金融机构以外的法人或其他组织承兑。电子商业汇票的付款人为承兑人。

电子商业汇票系统（ECDS）是经中国人民银行批准建立，依托网络和计算机技术，接收、存储、发送电子商业汇票数据电文，提供与电子商业汇票货币给付、资金清算行为相关服务的业务处理平台。电子商业汇票系统（ECDS）仅适用于未贴现票据：电子商业汇票贴现后业务于2018年10月1日至10月7日切换至上海票据交易所交易系统，原电子商业汇票系统（ECDS）贴现后业务功能关闭。

电子商业汇票业务主体的类别分为：（一）接入机构直接接入电子商业汇票系统的金融机构；（二）被代理机构通过接入机构办理电子商业汇票业务的金融机构；（三）金融机构以外的法人及其他组织。接入机构提供电子商业汇票业务服务，被代理机构、金融机构以外的法人及其他组织办理电子商业汇票业务应在接入机构开立账户。

电子票据相对于纸票的区别如表4.4所示：

表4.4 电票相对于纸票的区别

项目	区别
载体	以数据电文形式代替实物纸质票据
签章	以电子签名取代实体物理签章
交付	以数据电文的发送及签收代替传统交付手段作为权利转移的法定构成要件
承兑	电子银行承兑商业汇票承兑人范围扩展到财务公司
期限	最长付款期限由六个月延长到一年
金额	单张出票金额在万元以上的商业汇票应全部通过电票办理

票据行为的基本性质

无因性：票据通常基于某种基础关系的存在而授受，但票据上的债权债务关系一旦成立，则不受基础关系的存在与否或有效无效的影响。

要式性：票据是严格的要式证券，各个票据行为的方式，即记载的内容和记载的方法，法律都有明确的规定，不符合法定方式，则构成形式上的瑕疵，会导致票据或该票据行为的无效。

独立性：票据上有数个票据行为时，各个票据行为都具有独立性，一个票据行为的效力不受其他票据行为效力的影响。

文义性：票据上的法律关系完全以票据上的记载为准。票据行为以票据上的记载为意思表示的内容，票据行为人依照记载的内容承担责任。即便票据上记载的内容与票据外的实际情况不符，仍以票据上的记载为准。

4.3.2 票据业务的一般法律问题

票据权利的取得

票据的取得方式有原始取得和继受取得两种，原始取得又分为发行取得和善意取得，发行取得是指依出票人的发票行为取得票据，善意取得是指依

《中华人民共和国票据法》规定的转让方式善意地从无处分权人手中取得票据。继受取得则是通过背书转让、付款、贴现、继承、赠与、公司合并或分立等方式取得票据。

票据善意取得

《中华人民共和国票据法》第十二条规定,以欺诈、偷盗或者胁迫等手段取得票据的,或者明知有前列情形,出于恶意取得票据的,不得享有票据权利。持票人因重大过失取得不符合持票人因重大过失取得不符合本法规定的票据的,也不得享有票据权利。具体是指从无权利人处取得票据,即背书人为无权利人;票据依背书或单纯交付转让;无恶意或无重大过失;给付了相当对价。

票据抗辩权的行使

票据的抗辩权有两种,即物的抗辩和人的抗辩。物的抗辩情形有票据行为不成立,比如票据应记载的内容有欠缺、票据债务人无行为能力、无权代理或超越代理权进行票据行为、票据上有禁止记载的事项;依票据记载不能提出请求,如票据未到期、付款地不符;票据载明的权利已消灭或已失效,具体是指票据债权因付款、抵销、提存、免除、除权判决、时效届满而消灭等;票据权利的保全手续欠缺,如应做成拒绝证书而未做;票据上有伪造、变造情形。人的抗辩是指直接当事人之间的债权债务关系。

票据的记载和签章

绝对记载事项:根据《中华人民共和国票据法》第二十二条,汇票必须记载下列事项:(一)表明"汇票"的字样;(二)无条件支付的委托;(三)确定的金额;(四)付款人名称;(五)收款人名称;(六)出票日期;(七)出票人签章。汇票上未记载前款规定事项之一的,汇票无效。

相对记载事项:根据《中华人民共和国票据法》第二十三条,汇票上记载付款日期、付款地、出票地等事项的，应当清楚、明确。汇票上未记载付款日期的，为见票即付。汇票上未记载付款地的，付款人的营业场所、住所或者经常居住地为付款地。汇票上未记载出票地的，出票人的营业场所、住所或者经常居住地为出票地。

无效记载事项：根据《中华人民共和国票据法》第二十四条，汇票上可以记载本法规定事项以外的其他出票事项，但是该记载事项不具有汇票上的效力。

有益记载事项：一是"不得转让"的记载，依照《最高人民法院关于审理票据纠纷案件若干问题的规定》第四十八条和《中华人民共和国票据法》第二十七条的规定，票据的出票人在票据上记载"不得转让"字样，票据持有人背书转让的，背书行为无效。背书转让后的受让人不得享有票据权利，票据的出票人、承兑人对受让人不承担票据责任。二是支付货币种类的记载。

无益记载事项：一是不具有票据效力而具有民法效力的记载。民法效力局限于直接当事人之间，对于其他当事人不发生效力；二是即便记载，但由于《中华人民共和国票据法》的规定也视为无记载的事项；三是即便不记载，按照《中华人民共和国票据法》的规定同样可以产生相同效果的事项。

有害记载事项：记载本身可导致票据无效的事项，例如，汇票发票人在汇票上记载条件而委托付款，因其与票据本质冲突，故《中华人民共和国票据法》以使票据无效的方式杜绝此类有害记载。

票据签章有具体的要求，根据《最高人民法院关于审理票据纠纷案件若干问题的规定》第四十一条，票据出票人在票据上的签章上不符合《中华人民共和国票据法》以及下述规定的，该签章不具有中华人民共和国票据法上的效力：（一）商业汇票上的出票人的签章，为该法人或者该单位的财务专用章或者公章加其法定代表人、单位负责人或者其授权的代理人的签名或者盖章；（二）银行汇票上的出票人的签章和银行承兑汇票的承兑人的签章，为该银行汇票专用章加其法定代表人或者其授权的代理人的签名或者盖章；（三）银行本票上的出票人的签章，为该银行的本票专用章加其法定代表人或者其授权的代理人的签名或者盖章；（四）支票上的出票人的签章，出票人为单位的，为与该单位在银行预留签章一致的财务专用章或者公章加其法定代表人或者其授权的代理人的签名或者盖章；出票人为个人的，为与该个人在银行预留签章一致的签名或者盖章。

4.3.3 票据行为

核心的票据行为有承兑、出票、付款、背书等。

出票

根据《中华人民共和国票据法》第二十条，出票是指出票人签发票据并将其交付给收款人的票据行为。构成要件方面，根据《中华人民共和国票据法》第二十一条，汇票的出票人必须与付款人具有真实的委托付款关系并且具有支付汇票金额的可靠资金来源。不得签发无对价的汇票用以骗取银行或者其他票据当事人的资金。行为效力方面，根据《中华人民共和国票据法》第二十六条，出票人签发汇票后即承担保证该汇票承兑和付款的责任。出票人在汇票得不到承兑或者付款时应当向持票人清偿本法第七十条、第七十一条规定的金额和费用。

关于出票，出票人需要注意的是，如果是先发票后一手持票人支付对价，在其未支付对价的情形下，出票人无法以此为由向一手持票人背书后的持票人拒付提出抗辩。一手背书人需要注意的是核查记载事项的完整与有效，如欠缺必要记载事项，票据无效；票据的签发、取得须具有真实的交易关系和债权债务关系并支付合理的对价。

背书

根据《中华人民共和国票据法》第二十七条，持票人可以将汇票权利转让给他人或者将一定的汇票权利授予他人行使。持票人行使第一款规定的权利时应当背书并交付汇票。背书是指在票据背面或者粘单上记载有关事项并签章的票据行为。记载事项方面，背书由背书人签章并记载背书日期。背书未记载日期的视为在汇票到期日前背书。行为效力方面，《中华人民共和国票据法》第三十三条规定，背书不得附有条件。背书时附有条件的，所附条件不具有汇票上的效力。将汇票金额的一部分转让的背书或者将汇票金额分别转让给二人以上的背书无效。

质押

汇票可以设定质押，质押时应当以背书记载质押字样。被背书人依法实现其质权时可以行使汇票权利。依照《中华人民共和国票据法》第三十五条第二款的规定，以汇票设定质押时，出质人在汇票上只记载了质押字样，未在票据上签章的，或者出质人未在汇票、粘单上记载质押字样而另行签订质押合同、质押条款的不构成票据质押。《中华人民共和国物权法》规定，债务人或者第三人有权处分的汇票、支票、本票等权利可以出质。以汇票、支票、本票、债券、存款单、仓单、提单出质的当事人应当订立书面合同。质权自权利凭证交付质权人时设立，没有权利凭证的质权自有关部门办理出质登记时设立。汇票、支票、本票、债券、存款单、仓单、提单的兑现日期或者提货日期先于主债权到期的质权人可以兑现或者提货，并与出质人协议将兑现的价款或者提取的货物提前清偿债务或者提存。

贴现

依照《商业汇票承兑、贴现与再贴现管理暂行办法》第二条第二款规定，贴现系指商业汇票的持票人在汇票到期日前，为了取得资金贴付一定利息将

第4章
数字债权凭证的技术和法律基础

票据权利转让给金融机构的票据行为，是金融机构向持票人融通资金的一种方式。根据《贷款通则》第九条，票据贴现系指贷款人以购买借款人未到期商业票据的方式发放的贷款。《支付结算办法》第九十三条要求，符合条件的商业汇票的持票人可持未到期的商业汇票连同贴现凭证向银行申请贴现。贴现银行可持未到期的商业汇票向其他银行转贴现，也可向中国人民银行申请再贴现。贴现、转贴现、再贴现时，应做成转让背书，并提供贴现申请人与其直接前手之间的增值税发票和商品发运单据复印件。

承兑

根据《中华人民共和国票据法》第三十八条，承兑是指汇票付款人承诺在汇票到期日支付汇票金额的票据行为。承兑的记载方面，《中华人民共和国票据法》第四十二条要求付款人承兑汇票的，应当在汇票正面记载承兑字样和承兑日期并签章；见票后定期付款的汇票应当在承兑时记载付款日期。汇票上未记载承兑日期的以前条第一款规定期限的最后一日为承兑日期。付款人承兑汇票，不得附有条件，承兑附有条件的视为拒绝承兑。付款人承兑汇票后应当承担到期付款的责任。

付款

根据《中华人民共和国票据法》第五十三条，持票人应当按照下列期限提示付款：一，见票即付的汇票自出票日起一个月内向付款人提示付款；二，定日付款、出票后定期付款或者见票后定期付款的汇票自到期日起十日内向承兑人提示付款。通过委托收款银行或者通过票据交换系统向付款人提示付款的视同持票人提示付款。持票人依照前条规定提示付款的付款人必须在当日足额付款。持票人获得付款的应当在汇票上签收并将汇票交给付款人。持票人委托银行收款的，受委托的银行将代收的汇票金额转账收入持票人账户视同签收。付款人依法足额付款后，全体汇票债务人的责任解除。

4.3.4 票据业务中的其他法律问题

票据欺诈行为

票据欺诈行为有六条：一是伪造、变造票据的；二是故意使用伪造、变造的票据的；三是签发空头支票或者故意签发与其预留的本名签名式样或者印鉴不符的支票，骗取财物的；四是签发无可靠资金来源的汇票、本票，骗取资金的；五是汇票、本票的出票人在出票时作虚假记载，骗取财物的；六是冒用他人的票据，或者故意使用过期或者作废的票据，骗取财物的。

Chapter Five

第 5 章

基于数字债权凭证的信用赋能实践

5.1 中金云创：X 信

5.1.1 中金云创简介

中金云创成立于 2013 年，核心团队来自国内外知名金融公司及软件企业，是国内领先的金融业信息化解决方案提供商，秉承"客户为本、持续创新、开放合作"的经营理念，紧跟先进的信息技术发展趋势，为上百家融资租赁、商业保理、供应链金融等领域的客户提供从咨询规划到落地实施的一体化应用及服务，推动企业精细管理、效率提升、产品创新，并一直致力于"科技，让金融助力产业腾飞"的中国梦。

公司基于系统开发、移动应用、互联网、大数据和量化模型等技术，推进融资租赁、商业保理、互联网金融、小额信贷和供应链金融等业务。

5.1.2 X 信模式简介

供应链上核心企业的主要资金来源包括内源融资和外源融资：内源融资主要是指企业的自有资金和在生产经营过程中的资金积累；外源融资主要包

第 5 章
基于数字债权凭证的信用赋能实践

括直接融资和间接融资（银行、非银机构等），所有的融资方式均可应用，方式多、成本低。由于企业体量较大，资产优质，申请银行贷款和授信相对较容易。核心企业一般在年底时需要向供应商结算账款，付款压力较大。

供应链上的中小企业同样有银行信贷、融资租赁、应收账款融资、民间借贷等方式可以融资。融资方式看似不少，但是难度很大，由于自身主体信用不高，容易造成融资不可行，或虽可行但成本较高的局面。中小微企业生存压力较大，所有压力根源就是资金压力。如果企业资金充足，很多问题就可迎刃而解。

进一步来看，供应链上核心企业面临的挑战主要是刚性付息负债/贷款融资过多会影响集团整体财报表现；需要实施"产融结合"，进一步挖掘供应链整体利润，但欠缺相应的业务系统、平台及专业人员，风控成本较高；需要提升供应链管控能力、增强供应链体系的竞争力、提高企业整体利润。而供应链上中小企业面临的最大问题是融资难、融资贵，具体体现为融资成本高、融资额度小、融资渠道极其有限、自身资金实力较弱、偿债能力较差和资金周转率低。

从以上核心企业和中小企业面临的痛点来看，供应链金融方案有着可行性和必要性。供应链中买方承担着付款压力，往往出现两难局面：如期付款，核心企业压力大；不如期付款，又将导致买方与供应商的关系紧张。而卖方等待收款时间太长，会影响现金流和生产运营，进而增加供应链风险，甚至不得不高息贷款，进一步增加压力。买方和买方的关系紧张会影响供应链的稳定性，通过供应链金融的介入，能够大大降低风险，解决双方共同面对的资金流问题。供应链金融方案可以优化产业链，缩短现金流量周期，让利益各方都能用较低资金成本实现较高的经营绩效。所有的效果最终体现为加快资金循环、提高资金效率。

供应链金融涉及诸多领域、内容繁杂，需要寻找合适的切入点来开展业务。供应链金融的业务范畴分为应收账款类、存货类和与预付类，存货类业务有存货质押、仓单质押融资等，对实体交易的要求较高，风险控制难度也大。应收账款类业务开展的前提是保障底层贸易背景的真实性，相对较为容易切入。

应收账款类供应链金融的重要形式是保理，主要有两种方式，即正向保理和反向保理。正向保理依托应收账款持有方的信用，反向保理相当于依托核心企业的信用。对于供应商，当需要融资时，金融机构会评估信用主体本身，一旦认为其信用不足，就需要核心企业进行确权，作为供应商的买方（付款方），一旦核心企业确权，在固定账期内一定会付款，因此，供应商获得核心企业的确权就可进行融资。这就是反向保理模式，反向保理依托的是核心企业的信用。然而，反向保理业务也存在问题，供应商申请融资时，需要核心企业为其确权，但可能发生核心企业动力不足、不积极配合的情况。例如，买卖双方账期为90天，到期之后，核心企业如未确权很可能延迟付款日，因为一旦确权，由于金融机构介入，付款时间固定，无法延期，必须如期付款。这就是传统反向保理业务最大的不足之处，它会让核心企业缺乏动力，因此业务形式需要进行改进。

表5.1 供应链金融业务开展方式的转变

	传统正向保理	传统反向保理	X信模式的反向保理
模式特点	基于卖方主体信用，评定难； 交易真实性核查难； 现场尽调成本高、周期长； 内部贷审周期长； 综合风险大； 业务批量化难； 卖方融资成本高	需核心企业确权，难以保证配合意愿和审批效率； 仅为一级供应商提供增信服务； 应收账款账期不明确，以核心企业确权为准； 成本偏高，涉及核心企业分润； 流程配合，时效低下	供应商融资由两步简化为一步，无需由核心企业再次确权； 供应商突破一级，可穿透服务； 多级供应商账期固定，供应商接受程度高； 成本低，供应商黏性高； 核心企业增信，风险低； 时效性高，可实现T+0放款

第 5 章

基于数字债权凭证的信用赋能实践

反向保理是非常好的供应链金融业务模式,在国外,信用体系非常完善,反向保理业务开展情况良好,国内的反向保理业务面临的问题是核心企业如何配合确权。中金云创依托金融科技的力量来解决这个问题。在"X 信"模式下,通过核心企业的配合,使反向保理业务确权动作前置。与传统模式下供应商需要核心企业主动进行确权不同,X 信模式相当于核心企业为供应商结算时变换了付款方式。X 信从功能、属性上类似于商票,但独特之处在于其基于平台进行拆分流转。X 信由核心企业开出,前置完成确权,一级供应商持有 X 信,可随时发起融资。由于 X 信开出方为核心企业,保理公司无须再次向核心企业确权,该模式的底层具有完整的法律体系支撑。X 信模式下资金结算方式效率非常高,在不改变反向保理业务模式的前提下,无须核心企业另行确权,所谓的核心企业确权不配合的难题迎刃而解。

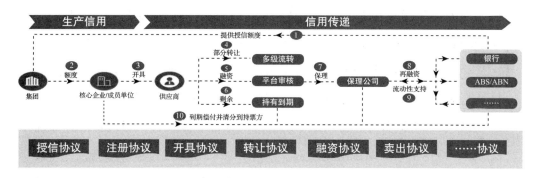

图 5.1 X 信模式(电子信用凭证)

资料来源:中金云创。

"集团"是指大型核心企业,包括央企、大型国企、大型上市公司等。核心企业通过银行获得授信后,将授信额度分配给企业内部成员单位,成员单位获得相应额度即可开具 X 信,当然每个平台都可独立命名;供应商收到 X 信后,如果不继续流转,账款到期日平台一定会还款;如果任何一级持有者需要对上级供应商支付账款,X 信可以进行逐级转让,即债权转让;任何一个持有方都可以在平台发起融资，即反向保理业务。保理公司买入资产后，如果资金短缺，可将资产进一步卖出至金融机构，如银行、证券公司等，即再保理、ABS、ABN 业务，这就是完整的基于 X 信模式的供应链金融场景的核心流程。核心企业集团内部单位一旦开具 X 信，到期就需要刚性兑付。如果成员单位到期未还款，所属集团需为其垫款、代偿。目前市场上很多 X 信备受青睐，该模式底层都有系统化的协议支撑。例如公司 A 从公司 B 采购货品，A 向 B 开具一张 X 信，公司 B（一级供应商）签收后，可以转给上游（二级）供应商，上游（二级）供应商也可以继续流转至三级供应商直至末端供应商，任何持有 X 信的供应商都可以发起融资，X 信可随时拆分、转让，通过保理公司、银行进行融资服务。

在上述供应链方案中，核心是 X 信这种数字信用凭证产品。数字凭证的特点有三：一是数字信用凭证是核心企业向供应商开具的体现交易双方基础合同之间债权债务关系的电子信用凭证。二是数字信用凭证为核心企业产业链上的广大企业提供了全新的结算方式，具有高信用、可拆分、可转让、可融资等特性，使用灵活便捷、风险可控。三是数字信用凭证支持供应商进行融资或持有到期，为中小企业提供了高效便捷的融资新渠道。

X 信模式有诸多特点，一是不改变反向保理业务性质，通过核心企业确权前置，简化了供应商融资流程；二是服务的供应商突破单级限制，可穿透服务多级供应商，服务范围更加广阔；三是账期锁定，由于 X 信开具时会锁定账期，因此账期固定，提高了供应商的接受程度；四是提高业务黏性，由于 X 信全部由核心企业开具，核心企业已提前进行增信，因此风险系数相对较低，可为供应商提供更为优质的服务，同时增加供应商的黏性；五是强化时效性，互联网化的供应链金融业务，如无不可抗力因素，可缩短放款时间，切实保障放款时效。

5.1.3 X信模式业务实质与法律依据

X信对应的债权债务关系受我国法律的认可及保护。X信是核心企业成员与其基础合同交易对方因基础交易而产生的债权债务关系的凭证。若核心企业成员及其基础合同交易对方之间具有真实、合法的贸易关系，相关基础合同真实、合法、有效，则X信对应的基础合同受我国法律的认可及保护，进而X信对应的债权债务关系也受我国法律的认可及保护。X信开具后，X信开具方与X信接收方即就X信对应的债权债务关系进行了书面确认。

X信对应的债权具有可转让性。除法律规定的情形外，债权人可以将其合法持有的债权转让给第三人，且无须事先取得债务人的同意。由于X信对应的债权具有可转让性，因此X信作为该债权的凭证，其转让亦为法律所允许，其转让本质上是其对应的债权的转让，但要在相应的合同中约定排除债权不能转让的情形。

X信转让实质上是债权债务的相互抵消。根据《中华人民共和国合同法》第九十九条，当事人互负到期债务，该债务的标的物种类、品质相同的，任何一方可以将自己的债务与对方的债务抵消，但依照法律规定或者按照合同性质不得抵消的除外。当事人主张抵消的，应当通知对方。通知自到达对方时生效。抵消不得附条件或者附期限。转让方将其持有的X信作为支付结算方式，转让给其供应商，转让方以其因持有的X信而获得的金钱债权，通过X信转让的方式，抵消其因贸易合同下接受受让方服务或货物而产生的金钱债务。因此，X信转让实质上是转让方和受让方债权债务相互抵消的行为，受让方无须就因受让X信而向转让方支付转让对价。

X信融资是合法的商业保理。保理公司是有资格提供保付代理及应收账款管理、催收、融资等服务的商业主体。X信持有方将未到期的X信转让至保理公司，并由保理公司向持有方提供融资款并收取融资利息的行为，实质上是持有方将 X 信项下的应收账款债权转让至商业保理公司，并由商业保理公司为其提供融资。因此，X 信融资，实质上是一种商业保理，得到我国法律法规的认可和保护。

保理公司还可将其受让的 X 信向银行申请再保理，实质上是保理公司将其持有的应收账款债权向银行申请商业银行保理。《商业银行保理业务暂行办法》并未禁止商业银行从事再保理业务。

5.1.4　X 信模式的价值

核心企业服务价值

X 信对核心企业的服务价值有六方面：一是商业信用推广，即帮助集团推广商业信用，提高各级供应商对核心企业的黏性和忠诚度；二是有效解决三角债问题，即通过 X 信转让有效解决三角债问题，提升资产流动性；三是降低供应商融资成本，基于核心企业增信作用，向金融机构整体议价，有助于降低供应商融资成本，同时为供应商提供了快速融资渠道，保证供应链上下游企业的稳定性；四是优化集团报表，包括盘活资金存量、增强资金流动性、降低集团整体对外有息负债，并通过保理融资业务获取金融收益；五是解决票据支付难的问题，即解决传统商票不可拆转、拆融的问题，提高供应链整体支付效率；六是建立良性的资金渠道，建立集团与金融机构新的合作模式，为核心企业生态体系引入新的资金渠道。

供应商的服务价值

X 信对于供应商的价值主要在降低供应链融资成本方面。一是使优质企业的信用惠及整体供应链；二是让供应链各企业均能获得低成本融资；三是带动供应链整体成本下降；四是降低供应链交易成本。

资金方的服务价值

X 信对于资金方的价值体现在：一是拓展长尾市场，可以通过核心企业信用传递，快速进入长尾市场；二是获取增值利润，通过盘活大企业闲置的授信，获取线上批量融资利润；三是脱虚入实，服务实体经济。通过服务中小微企业，真正实现普惠金融。

建立良性的供应链金融生态系统

X信使供应商/经销商基于核心企业增信快速实现融资，使核心企业供应链链条稳定、竞争力提高、收益增加，实现"产融结合"；支持商业银行/金融机构实现安全的资金业务，使其客群增加，收益提高；也使X信平台本身获得平台收益，为供应链提供服务。通过互利互惠，从而实现多方共赢。

助力传统供应链金融转型升级

供应链金融业务的开展将助力整个供应链生态体系的转型升级。第一，从供应链实体角度来讲，化企业竞争的视角为供应链竞争的视角，有助于形成稳定的供应链体系，促进供应链上各企业协同发展。第二，通过供应链金融模式，拓展资金渠道，形成稳定的资金流，从而使平台议价能力提升。第三，只要能够有效把控核心企业，确保交易的真实性，整个体系的风险就是可控的。第四，在公司战略层面，供应链金融也是一个突破口，推进实业与金融并进，可形成穿透供应链的大数据体系。

5.1.5　X信模式的市场发展现状

市场模式层面，目前X信通过平台化切入市场。平台化有几种方式，第一种是核心企业主导型，第二种是银行主导型，第三种是第三方平台模式，通常会引入第三方的核心企业入驻平台。未来的供应链金融也需要定位，这涉及模式选择问题。供应链金融的门槛较高，企业达到一定规模才可自建平台，如果体量未达到标准，会选择入驻第三方平台，而不是自建平台。

5.1.6　X 信模式的困境

供应链金融平台需要对接很多第三方机构，如银行账户体系、CA 体系发票验真体系、短信、ERP 等，也涉及与银行的对接、律师事务所的介入等，供应链金融平台的建设是面向市场服务的系统工程，复杂的对接工作对技术和沟通能力提出了很高的要求。

供应链金融可以做传统反向保理，门槛相对较低，而 X 信模式的供应链金融平台门槛相对较高，未来平台的建设需要重点考虑哪些因素？首先需要企业自评：第一，资产规模是否足够，因为 X 信模式需要有一定的体量作为支撑，体量达到几十亿元乃至上百亿元，这种模式才是较好的选择；第二，核心企业自身信用是否足以支撑 X 信模式，X 信模式的出发点是基于企业信用；第三，企业供应链链条形态是否适合 X 信模式，供应商是否接受这种模式；第四，企业应收账款的账期情况，部分大型核心企业资金充足，供应商交货资金即可到账，而 X 信模式较为适合账期在 2 个月以上的企业；第五，供应商成本接受度，需要在测算收入、产出比，以及供应商可接受成本范围的基础上开展融资业务；第六，业务驱动力，供应链金融是集团参与的系统工程，集团的业务驱动、政策驱动可以提高整体效率；第七，核心企业的结算方式，由于 X 信和商票具有很多共性，所以使用商票的领域都可以涉足供应链金融；第八，盈利模式、第三方成本，包括集团内外的运营、营销成本；第九，平台运营团队的建设需前置储备，从系统建设初期介入，从而深度了解，形成完整的运营体系和运营方法；第十，平台建设周期规划，正常周期为 2 到 3 个月。此外，系统建设具有一个前提条件，即第三方服务支持方如何选择，新引入的和有过合作经验的第三方也有差别。

第 5 章
基于数字债权凭证的信用赋能实践

5.2 中企云链：云信

5.2.1 企业介绍

中企云链（北京）金融信息服务有限公司（以下简称"中企云链"）是由中国中车联合中国铁建、国机集团、航天科技、中船重工、鞍钢、中国铝业、中远海运、招商局、中国能建、铁路物资等共 11 家央企，中国工商银行、中国邮储银行 2 家金融机构，北京首钢、北汽集团、上海久事、厦门国贸、云天化、紫金矿业、金蝶软件、智德盛、北京华联、云顶资产等共 10 家地方企业，经国务院国资委批复成立的一家国有控股混合所有制企业，中企云链作为商业模式创新典型被列入国资委央企双创平台，也是国资委重点支持的"互联网＋"和央地协同创新平台。

中企云链旨在以互联网思维，为大型企业提供免费供应链金融管理服务，致力于打造大企业与供应链上中小企业、银行金融机构协同发展的产业互联网共享服务平台，通过盘活大企业优质信用资源，解决大企业财务费用居高不下、企业三角债及中小企业融资难、融资贵等问题，促进产业链企业提质增效，实现共同发展。

5.2.2 市场分析

经济新常态下产业发展仍面临较大压力，工业企业面临较大的发展压力，部分产业产能过剩严重，低端发展、同质化严重，核心企业不得不转型升级、开源节流，上下游相对弱势企业账期长、资金压力严重，金融机构也面临"资产荒"困局。

中小企业融资难、融资贵问题愈发突出

中小企业在国民经济中占据重要地位,以其灵活的经营方式、低廉的组织成本以及便捷的转移能力等优点广泛地存在于各行业中。截至 2015 年年末,全国中小企业注册数量近 5000 万家,占全国企业总数九成以上,创造了全国超过一半的税收收入和 80% 的就业岗位。但是在我国,由于中小企业绝大部分都是非公有制性质,因贷款交易和监控成本高、资信等级低、缺乏抵押资产等原因难以得到传统银行等金融机构的信贷资金支持,面对当前的经济形势,中小企业的融资难、融资贵问题更显得格外突出。

核心企业需要开源、节流,并带领产业整体升级

经济新常态下产业发展仍面临较大压力,核心企业也面临着供应链整体成本高、效率低,利润下降,财务费用与债务风险居高不下等问题。具体来说,一方面,上游供应商面临的成本压力势必会通过产品价格、产品质量、效率、服务等不同方式转移给核心企业,核心企业很难再以其强势地位"独善其身";另一方面,核心企业自身也急需提升创新能力,通过理念创新、模式创新、技术创新,实现朝向价值链高端环节的升级,同时带动产业整体发展;另外,2008 年金融危机以来,央行实施宽松的货币政策,我国企业(特别是国企)普遍出现加杠杆趋势,债务规模大幅扩张,实体经济趋向于高杠杆。

金融机构急需转型升级、挖掘更多优质资产

在宽松货币政策时代与经济高速增长时代,金融机构的可选优质资产多,风险偏好上养成了"嫌贫爱富"的习惯、风险管控机制也已针对优质资产进行了固化。但当宽松货币时代结束,金融监管趋紧,经济发展也进入高质量增长时,旧有的金融习惯、金融机制就没法适应新的需求了:一方面是实体经济的需求,新时代要求金融回归本源,脱虚向实,服务实体经济,尤其是

第5章 基于数字债权凭证的信用赋能实践

在实体经济中占重要地位的中小企业;另一方面,金融机构本身的利润下降也使其急需开源,没有新的金融资源配置与风险管控机制就难以在经济不景气时代挖掘更多优质资产,迟早要面临淘汰。

5.2.3 解决方案:云信

中企云链在全国范围内打造了首个产业互联网+供应链金融服务平台,充分利用互联网开放、合作和免费等特性,整合企业资源、金融资源、供应商资源,打造"N+N+N"的供应链金融模式。在严格遵循国家法律框架基础上,以互联网思维,结合反保理应用实践,创新推出"云信"产品(一种可拆分、流转、融资的电子付款承诺函,其实质是基于真实贸易的企业应收应付债权凭证),为企业间往来款确权提供新选择,通过"云信"实现大企业信用流转和中小企业快速融资,让传统金融无法涉足的产业链末梢企业也能享受到产业链中大企业的优质信用,充分发挥互联网金融带来的长尾效应,惠及产业链上下游的广大中小企业。

云信解决中小企业融资难问题的思路为,银行对核心企业进行授信,平台根据授信额度发行用以在核心企业产业链上游供应商充当结算工具的信用凭证。

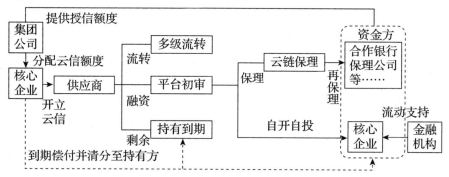

图5.2 云信模式示意图

资料来源:中企云链。

大企业从银行获取授信支持,根据所属子企业规模大小和风险程度分配"云信",并在云链金融平台设定所属子企业可使用的"云信"最高额度。大企业在云链金融平台免费开立"云信",利用"云信"向供应商确权远期应付账款。供应商收到"云信"后可拆分所持有的"云信",快速流转到更多供应链上的广大中小企业,实现零成本清理企业三角债,大幅降低供应链交易成本。同时,供应商也可以在平台上对持有的"云信"进行低成本的保理融资。云链金融平台依据核心企业确定的标准利率,并根据供应商类型、资质智能化自动判断供应商的融资利率水平。云链金融平台将获得的"云信"向银行金融机构再转让融资,将银行资金更安全、更便捷地引导给中小企业。到期后,核心企业将应付款转到以自己名义开立的还款专用银行账户,平台将钱自动清分到不同的"云信"持有人账户(可以跨行),平台只收取非常低的服务费。未来将基于各类企业交易业务形成的"云信"流转数据,通过多维度数据分析模型,分析管理企业信用并逐步建立企业动态信用评级体系,解决供应链中小企业信用评级难题,实现企业级互联网征信。

云信的流转,实质上是核心企业信用基于供应链真实贸易背景的多级流转。利用云信在多级供应商之间进行贸易结算,由于链条上的中小企业可直接将云信转让给上游完成付款,避免了为偿付货款向金融机构融资,故而整体来看,可以降低中小企业融资需求总量;对于单个中小企业而言,当其需要将云信"贴现"进行融资时候,能够实现核心企业信用评级支撑下的更低的融资成本。并且,其通过专业化团队集中解决中小企业小额高频的审单问题,目前供应商在云链平台提交融资贴现申请,平均2小时就能够到账。

云信具有以下几个显著特点:一是易操作,注册、收支流转甚至融资等完全线上操作,可以足不出户,享受极致的客户体验和金融服务;二是易拆分,各供应商收到云信后,可以自主任意免费拆分,进行再次流转和融资;

三是易融资，任意一级供应商收到云信，在线提供与上一买家的合同和发票，即可实现快速融资，获得足不出户资金到户的极致客户体验。

5.3 欧冶云商：通宝

5.3.1 公司简介

欧冶云商股份有限公司（以下简称欧冶云商）成立于 2015 年 2 月，注册资本 33 亿元，是中国宝武集团整合原有大宗商品电子商务优质资源，以全新商业模式建立的钢铁生态服务平台。2017 年 5 月成功实施了首轮股权开放，增资约 10.5 亿元，引入民营资本、海外资本、员工持股平台等，并于 2019 年 6 月完成第二轮股权开放，增资约 20.2 亿元，进一步深化混合所有制改革。

欧冶云商秉承"共建、共享、值得信赖"的发展理念，坚持以客户为中心，通过整合钢铁产业链各方资源，打造集交易、物流、供应链金融、钢铁技术、大数据、资讯等综合服务为一体的第三方 B2B 平台，积极推进智慧供应链创新与实践，在平台型供应链服务创新方面走出了一条特色之路，对于重塑钢铁流通领域新秩序、助力钢铁行业供给侧结构性改革、充分发挥市场在资源配置中的决定性作用、助推经济高质量发展具有积极意义。作为亿吨级交易量、千亿级交易额的产业互联网平台，欧冶云商以高效智能的供应链服务汇聚了大量的中小微用户，带动了万亿级产业的转型升级和创新发展，基本构建形成了产业链上各方参与者和谐共生的钢铁生态圈。

平台试图构建集交易、仓储加工、运输、金融、数据、技术、资讯等服务为一体的第三方生态服务体系，力求实现从服务型制造向生产型服务的转变。具体看，欧冶云商已形成多品种、跨区域的大宗商品市场服务架构，产业供应链已经覆盖原燃料、矿石、钢材、家电、汽车、造船等多个产业领域，贯穿采购生产、销售、加工、物流等各环节，具备为产业链用户提供综合解决方案的能力，形成全产业链、四流合一的大宗商品市场服务基础。同时，运用专业、多层次的风险控制手段，确保全流程交易和服务的真实、安全。其平台的架构主要包括三个层级：一是围绕钢铁全产业链的大宗商品交易服务平台，借助于该平台培养钢厂和客户线上化的交易习惯，形成资源集聚，进而优化生产、销售活动；二是基础设施服务平台集成货运、仓储、加工和金融服务等供应链要素，使大宗物资供应链物流能实现透明、高效管理和定制化服务；三是信用体系构建平台利用云服务的数据积累，实现资源配置的智能化，提高资源利用效率，构建新型生态圈。

5.3.2 欧冶云商生态圈

电商集群

目前欧冶云商已经形成六大电商交易平台：

（1）欧冶电商：钢铁产品电商交易平台；

（2）欧冶资源：铁矿石、煤炭、合金及有色金属等电商交易平台；

（3）欧冶采购：备品备件和工程设备等工业品采购平台；

（4）欧冶化工宝：煤化工产品电商交易平台；

（5）东方钢铁循环宝：钢材废次材、废旧资材、闲废设备等循环物资电商交易平台；

（6）欧冶国际：钢材等大宗商品国际贸易电商平台。

基本形成了钢铁产业链全品种、全流程、全地域、全体系的服务平台架构。

支撑服务集群

（1）欧冶物流：物流服务平台；

（2）欧冶加工：加工服务平台，提供一站式钢材加工服务；

（3）欧冶金融：金融服务平台，提供多样化的金融配套服务；

（4）欧冶数据：数据处理服务平台；

（5）欧冶技术（欧冶材料）：技术服务平台，支持知识共享、技术交流；

（6）欧冶资讯：冶金行业资讯、定制化咨询及在线培训等增值服务。

为了解决欧冶云商旗下各平台业务割裂的问题，欧冶云商进行了平台体系重构，实现了架构统一、数据统一、界面统一、登录统一和验证统一。在平台统一基础上，欧冶联邦、欧冶仓帮、欧冶运帮、欧冶商帮、欧冶建帮、欧冶寄托、绿融等成为具有代表性的重点产品，依托这些产品进一步赋能于各平台，同时打通各业务线，实现资源共享、协作共赢，使平台更具有协作性，实现了欧冶生态圈各业务点的网状连接。

5.3.3 欧冶云商供应链金融服务

基于欧冶云商搭建的三层架构，欧冶金融发展了存货融资、保理、典当等自营融资服务，同时充分挖掘产业链信用资源，推进不动产抵押融资和厂商票据融资等金融服务产品。2018年全年融资发生额达到近200亿元。平台搭建了欧冶票据池，满足各单位的开票额度需求，同时积极拓展第三方支付外部市场，实现了东方付通牌照的成功续展。通过加强和银行的对接，积极落实授信额度，有效提升了自身的筹资能力，满足了欧冶云商体系各单元的资金需求。具体而言，欧冶金融作为欧冶云商旗下唯一的互联网金融平台，背靠宝武集团丰富的线下资源和金融资源，围绕整个钢铁产业链，利用金融手段，建立了基于产业链的金融服务体系，与各类金融机构合作，形成了全方位的金融服务集群，为生产厂家、大宗商品交易平台、贸易企业、终端用户等提供在线支付、融资服务、投资理财、资产管理等金融产品。从供应链金融服务形式来看，欧冶金融可根据客户在融资门槛、融资成本等方面的不同需求，不断完善产品，借助互联网手段提供多渠道、多层次的融资服务产品。目前的供应链金融产品主要有基于信用的融资（如欧冶白条、平台透支等）、基于供应链的融资（如供应商融资、买方融资、应收账款保理等）以及基于动产质押和不动产抵押的融资（如钢材存货质押融资、票据融资、房屋典当和汽车典当等）。信用融资借助于所形成的信用体系，实现了信用的多级穿透和服务。

5.3.4　供应链金融产品：通宝

通宝是以应收账款债权为底层的数字资产，是可分拆的数字凭证，由区块链技术支持。不同于传统票据，通宝本质上是核心企业的债权凭证，是对供应商的付款承诺。其法律关系体现为供应商对核心企业应收账款的债权凭证，属于《中华人民共和国合同法》调节范围；形式上与核心企业电商票类似，但是可拆分流转，更适合小企业融资业务；流动性上偏向于银票模式，开立时确定有"保贴"的金融机构，保证可以融资变现。通宝本身是支付结算工具，其价值体现在能发起融资，随着使用广泛程度的提高，融资将更加便捷。

表 5.2　通宝与票据的区别

相关方	环节	通宝	商票	银票
核心企业	开立账户	开立通宝账户	原则上需在贴现行开立结算账户	原则上需在贴现行开立结算账户
	融资便利性	在线申请，快速放款	需向贴现银行提交合同、发票等资料并到银行网点办理贴现手续，银行内部业务审批流程较为复杂，通常占用承兑人额度并需落实承兑人授信持续使用条件	需向贴现银行提供合同、发票等资料并到银行网点办理贴现手续

第 5 章
基于数字债权凭证的信用赋能实践

（续）

相关方	环节	通宝	商票	银票
核心企业	操作便捷度	支持差额转让（可拆分）	不可拆分	大票换小票有一定限制
	贸易背景	核心企业提供	供应商融资时提供	核心企业提供
	企业征信	不体现在企业征信中	体现在企业征信中	体现在企业征信中
	期限	有固定期限	有固定期限	有固定期限
供应商	开立账户	开立通宝账户	原则上需在贴现行开立结算账户	原则上需在贴现行开立结算账户
	融资便利性	在线申请，快速放款	需向贴现银行提交合同、发票等资料并到银行网点办理贴现手续，银行内部业务审批流程较为复杂，通常占用承兑人额度并需落实承兑人授信持续使用条件	需向贴现银行提供合同、发票等资料并到银行网点办理贴现手续
	转让便利性	支持差额转让（可拆分）	等额转让	等额转让

资料来源：欧冶云商。

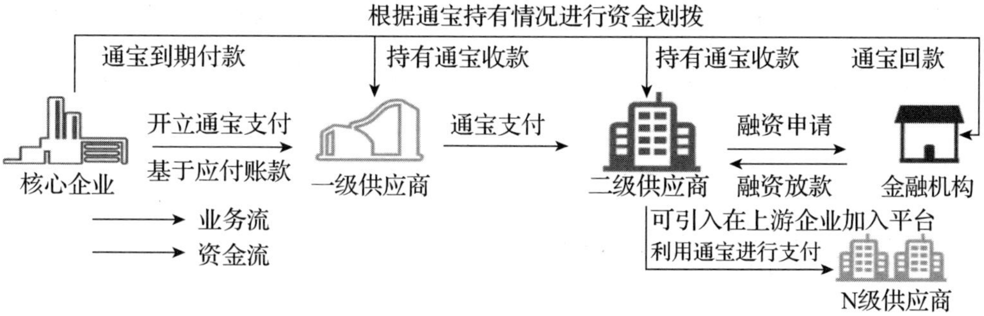

图 5.3　通宝流转示意图

资料来源：欧冶云商。

通宝对供应商的价值有四：一是拆分灵活，支持部分通宝流转、融资、持有至到期收款；二是回款确定，将应收账款电子化，有固定到期日；三是无追流传，支持以无追索权形式进行流转；四是保障融资，因延伸的是核心企业的信用，供应商的融资额度不仅可以优先保障，而且融资成本降低。

表 5.3 通宝与相关融资产品优劣势比较

	银票	银行流贷	银行反向保理产品	商票	通宝
优劣势	资金成本低，有开票费用，只能配票或换开用于支付，换开有限制，如长换短情况	资金成本低，但须记入企业有息负债，会提高企业资产负债率	供应商须在指定银行开户，且要做双向授信，增加了供应商融资难度	无保贴，仅靠企业信用，无法拆分，供应商融资损失大。金融机构对商票贴现有其他要求，如只贴流转二手以内的	只对核心企业授信即可，保贴类同银票，开户便捷，可拆分属性降低了实际融资成本

资料来源：欧冶云商。

通宝对于核心企业的价值有七个方面：一是充分利用了金融机构的授信；二是实现了生态圈的可视化；三是将自身信用向供应商传递；四是通宝能够拆分，非常容易融资，因而方便使用；五是有利于改善采购交易条件；六是优化财务报表，通过账期管理，有利于调节有息负债和现金流；七是提升了供应链质量，强化了供应链管理，为中小供应商提供了更好的融资条件。

5.4 上海华能电商：能信

5.4.1 公司简介

上海华能电子商务有限公司（以下简称"华能电商"）成立于 2016 年，

第 5 章
基于数字债权凭证的信用赋能实践

是中国华能集团有限公司旗下能源行业智慧供应链集成服务商。公司以"成为能源供应链国际一流企业"为目标，坚持"场景管理为基石，数智科技为引擎，供应链金融为抓手"的发展战略，致力于打造共享、共创、共赢的能源供应链生态圈。通过综合利用互联网、物联网、人工智能、大数据、云计算、区块链等技术，推动产业结构升级，实现产业链整体降本增效，助力整个能源及相关行业高质量发展。

据华能电商 CEO 胡俊介绍，华能电商是整合中国华能相关供应链服务资源设立的科技创新型公司，是中国华能智慧能源供应链战略的重要载体。公司面向能源及相关行业，打造的新一代智慧供应链集成服务平台构建了"能"系列供应链赋能生态服务体系，已经成为国内能源行业智慧供应链的领军企业之一，也是首批国家级供应链创新与应用试点企业，公司致力于实现用轻资产和高科技手段再造一个3000亿元规模的新能级的发展目标。

公司深刻把握电力市场化改革、绿色转型、数字革命发展机遇，以客户为中心，坚持创新驱动、服务赋能、战略协同的发展理念，成功打造集招标、采购、销售、物流、金融及云服务为一体的智慧供应链集成服务体系，业务涵盖煤炭、新能源、电力物资、电力工程、物流及供应链金融等多个板块。2019年公司交易额已达300亿元，预计2021年交易额将突破1000亿元。

凭借日渐提升的综合实力，公司先后入选"全国供应链创新与应用试点企业"、工信部"2019工业电子商务试点示范企业"，2019年公司智慧供应链案例成功入选商务部"全国供应链创新与应用试点案例集"。同时公司获得"2019中国大宗商品电商百强企业"第8名、"2019年度中国大宗商品现代供应链十佳企业"等多项行业大奖，综合排名进入行业前十，已成长为央企供应链创新的标杆企业，通过智慧供应链创新，有效赋能能源行业转型升级发展，推动了整个产业链的降本增效。

5.4.2 华能智链：智慧供应链生态服务体系

华能智链是上海华能电商打造的生态型智慧能源供应链集成服务平台。平台坚持以客户为中心的发展理念，针对能源供应链行业特点和客户痛点，发挥央企品牌和资源优势，利用互联网、物联网、大数据、区块链、人工智能等全新技术手段，为供应链上下游客户提供集招标、采购、销售、物流、金融及云服务为一体的一站式供应链集成服务。目前已形成了含"能招""能购""能售""能运""能融""能云"的"六能"智慧供应链生态服务体系，为供应链生态企业赋能，提升了供应链整体竞争力，共享供应链协同新价值。

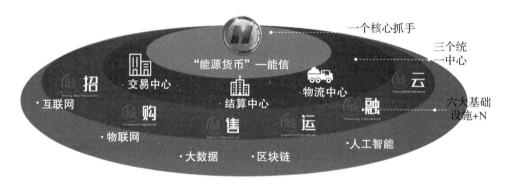

图5.4 华能智链：智慧供应链生态服务体系

资料来源：上海华能电子商务有限公司。

"能招"的作用是招标赋能，为公开透明、安全高效的专业化电子招投标交易平台；"能购"的作用是采购赋能，为在线集采、定制化采购、端到端供应链平台；"能售"的作用是销售赋能，为煤炭、电力物资、备品备件等大宗商品电商平台；"能运"的作用是物流赋能，为"LES + TMS + 运力交易管理"智慧物流平台；"能融"的作用是金融赋能，为"人工智能 + 大数据 + 区块链"科技金融生态服务平台；"能云"的作用是云平台赋能，为"可视化 + 精细管理"供应链 SaaS 云平台。

5.4.3 "能信"业务背景与意义

国务院办公厅《关于积极推进供应链创新与应用的指导意见〔国办发（2017）84号〕》指出："推进供应链创新发展，有利于降低企业经营和交易成本，促进供需精准匹配和产业转型升级……供应链金融的规范发展，有利于拓宽中小微企业的融资渠道，确保资金流向实体经济。"在国家供给侧结构性改革和电力体制改革背景下，电力行业迎来了供应链创新与应用的崭新阶段，新型综合能源服务将成为电力企业竞争的新蓝海。

"能信"业务对于集团公司提升供应链资金流管理水平和运营质量，实现"产融结合"，增强供应链整体竞争力具有重要意义，业务的开展标志着集团公司的供应链开始向智慧供应链方向迈进。华能电商以"能信"为抓手，助力集团能源产业价值链可持续优化，帮助行业上下游企业实现可持续的降本增效。

5.4.4 "能信"产品介绍

"能信"产品

"能信"是建立在充分利用银行、保理公司等金融、类金融机构给予供应链核心企业授信和资金支持基础上，创新出的一种可拆分、可流转、可融资的普惠供应链金融新产品。

基于"华能大宗"平台提供的供应链配套服务，"能信"以产融结合、降本增效为目标，以打造跨地区、跨行业、跨平台、跨资金来源的综合生态圈为愿景，运用创新的"电子付款承诺函"对传统供应链金融模式进一步升级，旨在提升供应链整体运营效率。

"能信"的核心逻辑与依据

"能信"产品设计的核心逻辑是用标准化确权凭证解决核心企业确权难的

问题，为供应链上下游企业间的往来款清算提供新选择。根据《中华人民共和国合同法》第七十九条规定，债权人可以将合同的权利全部或者部分转让给第三人。"能信"的设计严格遵循国家法律法规，并以区块链核心记账技术为手段保障产品的可靠性。

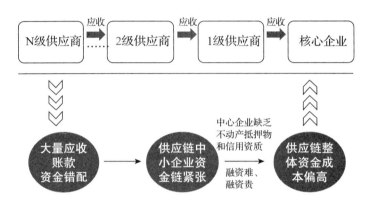

图 5.5　"能信"产品逻辑

资料来源：上海华能电子商务有限公司。

"能信"的业务流程

"能信"的业务流程围绕着核心企业开立标准化确权凭证展开，通过网络平台实现开票企业的优质信用流转和为供应链上中小供应商提供快速融资、多级流转、到期偿付等贸易金融服务。

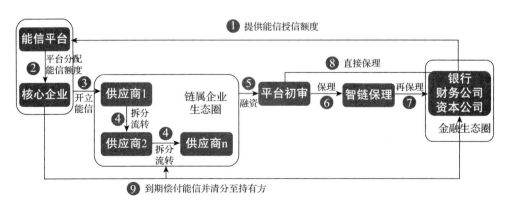

图 5.6　"能信"业务流程

资料来源：上海华能电子商务有限公司。

第 5 章
基于数字债权凭证的信用赋能实践

"能信"的开立原则上在合同签订后的任何时间皆可,但为兼顾风险控制和融资效果,一般在物资到货验收之后,核心企业在平台开立"能信"。开立期的设定大幅提高了融资效率,保障了供应链上游企业融资的时效性。

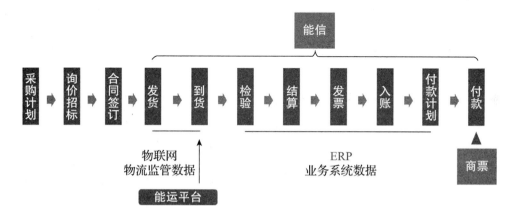

图 5.7 "能信"的开立期

"能信"的资金清算

到期时核心企业将"能信"兑付,货款直接支付到供应商账户后,由"能信"清算平台自动清分至"能信"持有方。

"能信"与传统支付结算方式对比

"能信"集合了传统贸易融资方式的诸多优势,除了具备商票绝对免费、银票可靠性高、现金可随意拆分的特点,还拥有易追踪的特性。能信具备与商票相类似的功能,但是其运作模式和特点有较大区别,能信较商票更灵活、更便捷,而且具有低成本、低风险、高流动性的特点,可替代商票使用。

能信		商票
能信开立节点可以向供应链前段延伸（如到货后）		商票只能在最终执行付款时使用
核心企业不会产生财务费用		核心企业可能会产生财务费用
能信的开立流转过程是全封闭的，为核心企业杜绝风险		商票的开立流转过程是开放式的，可能发生风险
基于真实贸易数据资产价值，实现现金流、商流可视化，便于批量化操作和统一化管理		无法沉淀数据资产价值，无法批量化操作，不利于统一化管理
可以拆分、流转		不可拆分

图 5.8 能信与商票比较

5.4.5 "能信"平台应用价值

提高资金流动性：基于"能信"易开立、易流转、易拆分、易融资的优势特点，可丰富核心企业支付结算手段，提升企业资金流运转效率，解决传统支付结算过程中的痛点。

降低供应链资金成本：依托核心企业信用为供应链中小企业提供普惠融资渠道，优化供应链整体资金成本，促进链条健康发展，增强供应链黏性，有效盘活信用资产。

降低带息负债和财务费用："能信"融资主体为"能信"持有方（供应商），而非开立"能信"的核心企业，财务费用均计入供应商处，因此核心企业可运用"能信"这一工具，对账期进行灵活调节，有效降低带息负债规模，从而降低财务费用。

Chapter Six

第 6 章

引入供应链金融方案

Chapter Six

上一章我们介绍了不同企业使用多级可拆分、可流转数字债权凭证工具的供应链金融方案对供应链中的中小企业进行赋能的实践情况。那么作为一种综合了技术、金融、供应链组织方式和多领域单位协调的创新方案,供应链金融方案是如何被企业从无到有进行构建或引入的?我们在本章将通过创新扩散理论构建供应链金融被企业采纳的模型,并介绍多个大型央企集团采用和构建供应链金融业务的案例。

6.1 创新扩散理论

6.1.1 创新扩散理论简介

创新扩散理论是一种试图解释新思想和技术如何、为什么以及以什么速度传播的理论。传播学教授埃弗雷特·罗杰斯(Everett Rogers)在其著作《创新的扩散》(*Diffusion of Innovations*)中推广了这一理论。罗杰斯认为,扩散是一种创新随时间流逝在社会系统的参与者之间进行交流的过程。创新扩散理论的起源多种多样,跨越多个学科。

第 6 章
引入供应链金融方案

罗杰斯提出了影响新思想传播的四个主要因素：创新本身、沟通渠道、时间和社会制度。这一过程严重依赖人力资本。然而创新必须被广泛采用才能得以自我维持。因此在采用的范围内，有一个创新达到"临界质量"的点。

采用者的类别包括创新者、早期采用者、早期多数派、晚期多数派和落后者。扩散的表现形式多种多样，受采用者类型和创新决策过程的影响较大。采用者分类的标准是创新性，定义为一个人接受新思想的程度。

6.1.2 创新扩散理论的发展历史

19 世纪末，法国社会学家加布里埃尔·塔尔德（Gabriel Tarde）、德国地理学家弗里德里希·拉策尔（Friedrich Ratzel）和德国人类学家莱奥·弗罗贝纽斯（Leo Frobenius）首次研究了扩散的概念。20 世纪二三十年代，创新扩散的研究在美国中西部农村社会学的子领域中兴起。农业技术发展迅速，研究人员开始研究独立农民如何采用杂交种子、设备和技术。瑞安（Ryan）和格罗斯（Gross）（1943）对艾奥瓦州采用杂交玉米种子的研究巩固了先前关于扩散的研究工作，使其成为一种独特的范式，在未来被不断引用。从农村社会学出发，创新扩散理论已经应用于许多领域，包括医学、社会学、通信、市场营销、健康促进、组织研究、知识管理、生物学和复杂性研究。

1962 年，农村社会学教授埃弗雷特·罗杰斯出版了他的开创性著作《创新的扩散》。罗杰斯综合了超过 508 个最初影响该理论的扩散研究，涉及人类学、早期社会学、农村社会学、教育学、工业社会学和医学社会学。罗杰斯运用他的综合理论，提出了个人和组织采用创新的理论。《创新的扩散》和罗杰斯后期的著作是扩散研究中被引用最多的著作。他的方法在最近的传播研究中受到密切关注，并受到如社会网络分析和传播学的影响。

6.1.3 创新扩散的基本要素

创新扩散的关键要素如表 6.1 所示：

表 6.1 创新扩散研究的关键要素

要素	定义
创新	一种观点、方法或技术，被某个人（或团体）认为是新的，它就是一项创新。在供应链金融领域中，一则新消息，一个新 App 产品，一种新观念、新技术都属于创新
采用者	采用创新的个人或组织。在大多数研究中，采用者是个体，但也可以是组织（企业、学校、医院等）、社交网络中的集群或国家。在供应链金融领域中，采用者可以是某位专家，也可以是金融机构、高校、核心企业等组织
传播渠道	传播是一个过程，在该过程中，参与者互相发布并共享信息，以达到彼此理解。扩散的实质是个人通过信息交换将一个新方法传播给一个或多个他人。传播渠道是信息从一个个体传向另一个个体的手段，一对个体之间信息交换关系的性质决定了什么条件下知情方会或不会将该创新传播给未知方，以及传播效果如何。拥有传播渠道是创新传播发生的最基本条件
时间	时间的推移是采用创新的必要条件，创新很少立即被采纳。事实上，在瑞安·布鲁斯和尼尔·格罗斯（1943）关于杂交玉米技术创新扩散的研究中，新技术的采用的时间超过 10 年，大多数农民在采用新技术后的头几年里只在他们土地的很小部分中种植新玉米，其他部分仍然种植传统的玉米
社会系统	一个社会系统是一组相互联系的单位，他们面临共同问题，有着共同目标。一个系统有本身的结构，结构就是社会系统中不同单位的排列模式。结构使系统中个体的行为具有规律性、稳定性。系统的社会结构或传播结构促进或阻碍了创新在系统中的扩散

6.1.4 创新扩散的过程

创新扩散是创新通过一段时间，经由特定的渠道，在某一社会团体的成员中传播的过程。瑞安和格罗斯在 1943 年首次确定采用这一决策过程。罗杰斯的五个阶段（步骤）——觉察、兴趣、评价、试验和采用，是这个理论的

第 6 章
引入供应链金融方案

组成部分。在后来的《创新的扩散》一书中,罗杰斯将五个阶段的术语改为:认知、说服、决策、执行和确认。

表 6.2　创新扩散的五个步骤

阶段	定义
认知	个体(或其他做决定的单位)知道一项创新并对它的功能有所了解。例如,供应链中的核心企业接触到金融科技公司的供应链金融方案
说服	个体(或其他做决定的单位)确定赞成还是反对该创新。例如,供应链中的核心企业思考是否要采用该金融科技公司的供应链金融方案
决策	个体(或其他做决定的单位)接受创新的概念,权衡使用创新的利弊,决定了接受还是拒绝该创新。例如,供应链中的核心企业决定使用或者拒绝该金融科技公司的供应链金融方案
执行	个体(或其他做决定的单位)应用一项创新,再创造最有可能发生在该阶段。例如,供应链中的核心企业开始使用该金融科技公司的供应链金融方案,并可能在此基础上进行改良
确认	个体(或其他做决定的单位)进一步确定自己所做的决定,但是如果他后来又听说了许多不利于创新的消息,那么他很可能会做出相反的决定。例如,供应链中的核心企业在使用供应链金融方案一段时间后,对方案的效果进行评估,确定当初决定是否正确,并据此决定是否继续采用该供应链金融方案

6.1.5　创新采用的决策

两个因素决定了一个决策的类型:一是决定是否自由做出和自愿执行;二是谁做决定。基于这些考虑,可以确定三种类型的创新决策。

表 6.3　创新决策的类型

类型	定义
可选创新决策	由一个在某些方面与众不同的人做出
集体创新决策	由所有参与者共同做出
权威创新决策	由有影响力或权力的个人为整个社会系统所做出

6.1.6　创新采用速度

采用速度被定义为参与者采用创新的相对速度。速度通常是用社会系统中一定比例的成员采用一项创新所需要的时间长度来衡量的。创新的采用速度由采用者的实际情况决定。一般来说，第一次采用创新的个人需要比后期采用者更短的采用周期（采用过程）。在采用过程的某个点上，创新达到"临界质量"，从而确保创新能自我维持。

采用策略

存在几种策略，可以提升创新的采用速度，包括当创新被一个在社会网络中备受尊敬的个人采用，将一项创新注入一群愿意使用上述技术的个人，以及为早期采用者提供积极的反应和好处。

扩散和应用

采用是一个独立的过程，详细描述了从第一次听说一个产品到最终采用它的一系列阶段。扩散意味着一种群体现象，它表明了创新是如何传播的。

6.1.7　采用者的类型

总共有五类采用者，分别是：创新者、早期采用者、早期多数、晚期多数和落后者。除了存在于特定社区内的意见领袖外，变革推动者可能来自社区外。变革推动者将创新带到新的社区——首先通过信息传递人，然后通过意见领袖，然后通过社区等。

第 6 章
引入供应链金融方案

表 6.4 五种不同类型的创新采用者

采用者种类	定义
创新者	创新者愿意承担风险，有最高的社会地位，有资金流动性，与各种资源有最密切的联系，与其他创新者有最密切的互动。他们的风险承受力允许他们采用可能最终失败的技术
早期采用者	这些人在采用者类别中拥有最强的意见领导能力。早期采用者比晚期采用者具有更高的社会地位、资金流动性、教育水平，在社会方面更具有前瞻性。与创新者相比，他们在选择上更为谨慎
早期多数	他们会在一段比创新者和早期采用者长得多的时间之后采用一项创新。早期多数的社会地位高于平均水平，与早期采用者有联系，但很少在一个系统中担任意见领袖
晚期多数	他们在普通参与者之后采用创新。这些人以高度怀疑的态度对待创新，并在社会上大多数人接受了创新之后才会采用。晚期多数通常对创新持怀疑态度，社会地位低于平均水平，资金流动性小，很少产生意见领袖
落后者	他们是最后采用创新的。与之前的一些类别不同，这类人很少或没有意见领导能力。这些人通常对变革推动者有一种厌恶。落后者通常倾向于关注"传统"，他们具有最低的社会地位、最低的资金流动性，一般是最年长的一群人，只与家人和亲密朋友接触

各种创新采用者的比例如图 6.1 所示：

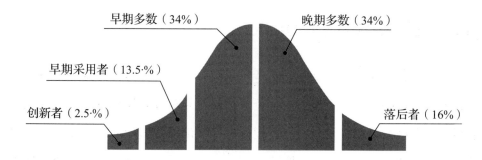

图 6.1 创新的采用曲线

6.1.8 采用创新的结果

当个人或组织选择采用某种特定的创新时,可能会产生积极和消极的结果。罗杰斯将这些结果分为三类:可取与不可取、直接与间接、预期与未预期。与之形成对比的是,芭芭拉·韦纳特(Barbara Wejnert)详细列出了两类:公共和私人以及收益和成本。

公共和私人

公共结果包括创新对行为人以外的人的影响,而私人结果指的是创新对行为人的影响。公共后果通常涉及集体行为者,如国家和组织。私人后果通常涉及个人或小型集体实体,如社区。

收益和成本

创新的收益显然是积极的结果,而成本是消极的。成本可以是货币的或非货币的、直接的或间接的。直接成本通常与财务的不确定性和行为人的经济状况有关。间接成本更难确定,一个例子是需要购买一种新的杀虫剂才能使用新的种子。间接成本也可能是社会性的,如创新引起的社会冲突。

6.2 供应链金融方案的引入

为了优化整体供应链绩效,越来越多的企业引入了供应链金融业务。供应链金融不仅提供了一条帮助中小企业摆脱短期流动性困境的途径,而且还提供了一条减少供应链长期财务负担的途径。以供应链中必要的流动性总量为例,与不协调的情况相比,协调的资金在供应链上流动时所需的流动性更低,特别是在买家和供应商的信用评级不同的情况下,能节约较多的资金。

6.2.1 组织内创新

组织内的创新过程可以分为议程安排、问题与创新方案匹配、重新定义/结构重组、阐明问题和常规化5个阶段。其中，前2个阶段是倡议阶段，后3个阶段是创新的实施阶段，前面阶段出现的问题得到妥善解决后，后面的阶段才能顺利开展。

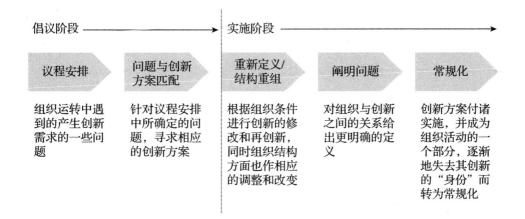

图 6.2　组织内的创新过程

罗杰斯《创新的扩散（第4版）》。

议程安排

组织在运转的过程中，遇到特定的问题，会产生创新的需求，具体来说就是因业务发展而对于供应链金融方案的创新产生需求，这时往往要对创新过程做出议程安排。实际上，所有的系统随时都在进行议程安排的活动。只有这样，系统成员才能明确地知道应首先做什么，下一步再做什么。议程安排实际上就是确定组织内待解决的问题、组织内这些问题所产生的需求，并且将这些问题和需求按照一定的优先顺序排列并逐步解决的过程。所以，在议程安排阶段，主要做两件事情：一是确定组织内存在的问题和需求，并区分这些问题和需求的先后次序；二是结合组织的内外部环境，分析潜在的可以解决组织问题、满足组织需求的创新方案。

问题与创新方案匹配

问题与创新方案匹配阶段是指组织针对议程安排中所确定问题的优先次序，寻求相应的创新方案，匹配有详细的规划和设计，这里具体来说就是选择何种模式的供应链金融。组织内创新过程的第二步，要把所遇到的问题和相应的创新方案进行概念上的匹配，从而确定该创新方案在多大程度上能解决实际中的问题。这是组织成员为了确定某个创新方案解决组织问题的可行性，而对其实施的测验。组织成员在这个象征性规划阶段，要想到创新方案一旦付诸实施，可能会遇到哪些问题。

重新定义/结构重组

在这个阶段，从组织外部引入的创新渐渐地失去了其原有的特征，如供应链金融渐渐演化为适合自身供应链发展的方案。创新在实施的过程中，会不断地被再创造，从而更好地适应组织的需求和组织的结构；与此同时，组织结构也会根据创新的需要，做出相应的变动和调整。

阐明问题

这一阶段发生在创新被投入组织并得到越来越广泛使用的时候，组织成员可以清楚地了解到该创新的意义。在这个阶段，过快地推行创新，可能导致灾难性的后果。创新可能招致误解或者带来意料之外的副作用。如果能够及时发现问题，就可以施行补救。在创新过程的阐明问题阶段，组织内应该有稳妥的安排。创新正逐渐根植于组织内部并成为组织的一部分。在创新过程的阐明问题阶段，组织内成员试图寻求许多问题的答案。最典型的问题通常是：该创新如何在实践中操作？该创新有什么作用？该创新会影响到组织内的哪些个体？该创新会影响到我个人吗？组织内的成员不断地谈论刚刚实施的创新，他们会逐渐地对该创新形成比较一致的认识。因此，通过组织成员的相互影响，创新的意义才逐渐显示出来。

常规化

常规化就是指创新融入组织的正常活动，从而逐渐失去其作为创新的独特身份。在这个时候，组织内的创新过程便结束了，组织内的成员也不会认为该创新仍是一个全新的概念。因为该创新已经完全转化为该组织常规运转的一部分。该阶段中，供应链金融已经成为企业和供应链中常规业务的一部分，并且不可分割。

6.2.2　引入供应链创新的阶段

倡导和决定采用供应链金融

在倡导公司采用供应链金融方案的阶段，不同公司会有不同的态度：愿意实施的企业通常有较低的风险厌恶和较强的领导层创新承诺；不肯实施或者实施缓慢的企业通常具有组织文化传统、规避创新的不确定性或缺乏高管层的承诺或支持等特征。

供应链金融业务的发起与其他组织创新显示了类似的扩散模式。公司需要有一定的通用战略重点，这样才会被供应链金融创新所吸引。例如，企业需要同时关注营运资本的改善和供应链的稳定。与之前的组织创新类似，决策的过程需要采用最高管理层和跨职能团队的建议。此外，我们还了解到竞争对手采用供应链金融的行为可以引导自身企业进行模仿，从而以此为契机引导企业开始采用供应链金融业务。尽管这一过程在每个组织中略有不同，但焦点公司采用决策方面有很强的重叠性。

然而，作为一种上游创新，供应链金融具有一些固有的特性。一方面，在确定供应链金融作为可能的解决方案方面，作为创新者的买方公司比创新产品的卖方公司发挥更大的作用。另一方面，在下游创新的案例中，往往是由客户或竞争对手更明确地发出供应链创新的需求，很少有供应商明确要求供应链金融解决方案，因为他们供应的其他公司同样会向他们提供供应链金融服务。因此，这种创新起源于买方公司本身，供应链金融可以被认为是一种推动式创新而不是拉动式创新。此外，供应链金融业务要求企业考虑通过结构调整提高营运资本效率。因此，供应链金融通常不会像其他下游创新产品一样在一个生命周期中就在盈利上获得立竿见影的成功，而是会在很长的周期内才能显现出效率改进的成果。

实施供应链金融创新

创新采用的有效性取决于组织与创新本身的契合度。这种契合可以通过三种方式实现：重组组织，重新设计创新，或者两者兼而有之。

重新定义供应链金融是一个过程，在这个过程中，企业不仅要调整供应链金融创新以适应其特定的环境，而且还要启动一个过程，在这个过程中，企业需要重新考虑与供应链金融创新需求相适应的环境因素，这些因素的价值随时间而变化。

为供应商增加的价值在采用过程中变得越来越重要。如果供应链金融方案不满足供应商的需求，供应商为什么要同意使用供应链金融？调整的一个方面是需要特别注重现金流和发票开具过程的可见性，以便供应商获得最大程度的灵活性，因为他们可以更好地计划何时收到现金。因此，在实际重新定义供应链金融之前，企业要定义供应链金融创新需要符合的标准。

根据企业需要改变环境和引入供应链金融创新的决策相匹配的内容，有三种重新定义供应链金融创新的类型：一是利益的分配机制；二是交易自动化的程度；三是供应商使用供应链金融的范围。总结如表6.5所示：

第6章
引入供应链金融方案

表6.5 重新定义供应链金融创新的类型

类型	维度	
利益分配机制	直接（如给银行费用）	间接（如付款期限的延长）
交易自动化程度	低自动化（基于实例）	高自动化（ERP整合）
供应商使用供应链金融的范围	很少（战略性的）	尽可能多地使用

供应链金融的创新需要财务、物流和采购的跨职能协作，但是这对很多公司而言是全新的。有些公司财务部门从未与供应商有过任何业务上的联系，则首先需要了解供应商。这需要财务、物流和采购经理之间的积极协作，因为前者是专门的财务专家，而后者是与供应商对接的专家。第一步是把负责每个职能的管理者集合在一起，从非常规的项目会议开始，直至建立正确的协作模式。

此外，还必须对工作职能设计做出调整。与上游物流和采购经理的传统任务相比，采用供应链金融需要更多的任务，因为有必要在上游市场推广供应链金融创新，然而这些营销技能与这些职能中的传统技能截然不同。通常，在下游创新方面，营销和销售人员比物流和采购经理更有经验，更擅长向客户推广创新，而物流和采购经理必须向供应商推广上游创新。这增加了他们工作的复杂性，必须首先被采购和物流经理接受和学习。因此，在采用过程中对能力建设的需求进一步对上游供应链功能中的战略思维和战略技能提出了更高、更广泛的要求。

此外，结构重组还包括绩效衡量体系的调整和单个经理人的激励，如果不改变激励结构，供应链金融业务很可能会难以进行。与之前的研究一致，这可能是广义的，特别需要将物流和财务激励措施与人均工作水平挂钩。

上面的分析进一步显示了结构重组和重新定义是如何相互关联的。一方面，上面提到的三种类型的重新定义，只有在买方公司成功地进行结构重组时才能有效地做出。另一方面，组织需要通过重新定义这一过程来有效地重组这些类别。因此，这两个过程是相互交织、相互影响的，可以概括为以下几点：

（1）组织内部的重组和根据供应侧需求重新定义供应链金融创新是相互关联和相互加强的过程，从这个意义上，缺少任意一项的推进，两项工作都不可能获得成功。

（2）结构重组和重新定义的过程受到两方面因素限制：一是物流、采购和财务的对齐；二是更高的物流、采购和财务协调和供应商参与水平要求下的供应商参与程度。

（3）澄清和传播是相互联系和相互加强的过程，从这个意义上说，缺少任意一项的推进，两项工作都不可能获得成功。

（4）a）供应链金融杠杆（采购公司可以通过供应链金融向其供应商提供的所有好处）对于供应链金融的传播有着积极的影响，它提高了供应商传播过程的效率。b）关系强度对供应链金融的传播有着积极的影响，它提高了供应商传播过程的效率。

6.2.3 供应链金融创新采用模型

基于罗杰斯的组织内创新框架，可以与供应链金融创新的实际结合，产生一个采用供应链金融创新过程的框架。与其他组织创新不同的是，重新定义供应链金融的过程需要考虑上游供应链伙伴的需求。这一过程与组织的重组密切相关。这种相互关系增加了采用供应链创新的复杂性，并非一般的组织创新，第三阶段的重新定义和结构重组需要分开进行。

如果企业实现了物流、采购和财务的结合，那么企业在这一阶段将更有效率。虽然在降低运营成本的项目中可以看到这些职能之间的协作，但在许多公司中，针对共同目标的战略调整是新的，因为这通常需要增强物流、采购和财务经理之间的相互理解，各方都要具备更广泛的技能。

这种物流、采购和财务的结合对供应链金融来说也很典型，尽管以前的流程可能需要内部的结合，但这种结合通常是在两个运营功能之间，如制造和采购或物流和营销，而不是公司财务和上游物流或采购之间的结合。供应链金融本身的创新对于买卖双方的人员来说是一个全新的概念。这给内部带来了管理上的挑战，因此也给外部带来了挑战，因为在早期阶段，当自己的组织还没有完全澄清和采纳供应链金融时，需要选定供应商参与供应链金融创新。

接下来，企业需要在内部清晰化，并向上游传播已配置好的供应链创新。这两个过程紧密地交织在一起，并且互为前提。此外，上游供应链的能力弥补了他们在营销机会和供应链金融创新给外部实体带来的好处方面缺乏经验的缺陷，这使得有效的供应链金融创新采用者与采用效率较低的公司有所不同。在与供应商进行有效产品设计的设计链管理中，鉴于该领域合作的关系历史，其好处对供应商而言是显而易见的。同样，这种交织增加了采用过程的复杂性。尽管财务经理经常缺乏对供应商需求的关注，但物流和/或采购职能部门有责任确保有足够的供应商入驻。

此外，供应链金融创新的传播只有在重新设计成功并且企业拥有供应链金融杠杆和关系强度的情况下才能完成。与下游传播相反，企业必须考虑传播执行和长期关系之间的权衡。供应链金融创新在企业和供应链中的采用过程如图 6.3 所示。

6.3 引入供应链金融的案例

前文通过创新扩散理论构建了供应链金融方案在组织中被采用和实施的过程。接下来，我们通过几个案例来进一步描述集团企业尤其是央企逐步构建供应链金融业务的过程。

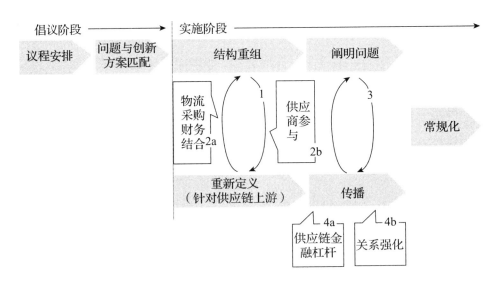

图 6.3　供应链金融创新的采用过程

6.3.1　中石化易派客供应链金融

央企供应链业务的开展往往伴随在物资采购系统变革创新的过程当中。目前以大型国有企业为主的核心企业供应链金融业务正如火如荼地进行着，根据业务模式来看，主要有四大类：电子商业汇票贴现、商业保理、线上供应链金融、财务公司供应链金融互联互通模式。核心企业开展供应链金融业务，一方面解决了上下游中小企业融资难问题，有助于企业降低采购成本，促进产品销售，提高核心企业的市场竞争力；另一方面做大做强非银行金融业务，可以丰富企业自身业务条线，打造公司新的经济增长点。

集团简介

中国石油化工集团有限公司（以下简称公司）的前身是成立于 1983 年 7 月的中国石油化工总公司。1998 年 7 月，按照党中央关于实施石油石化行业战略性重组的部署，在原中国石油化工总公司基础上重组成立中国石油化工集团公司，2018 年 8 月，经公司制改制为中国石油化工集团有限公司。公司是特大型石油石化企业集团，注册资本 2749 亿元人民币，董事长为法定代表

第6章
引入供应链金融方案

人,总部设在北京。公司对其全资企业、控股企业、参股企业的有关国有资产行使资产受益、重大决策和选择管理者等出资人的权力,对国有资产依法进行经营、管理和监督,并相应承担保值增值责任。目前,公司是中国最大的成品油和石化产品供应商、第二大油气生产商,是世界第一大炼油公司、第三大化工公司,加油站总数位居世界第二,在2018年《财富》"世界500强企业"中排名第3位。

平台简介

易派客是中国石油化工集团有限公司结合公司物资采购与供应实际建立的集采购、销售功能于一体的电商平台,2015年4月1日正式上线。2016年4月18日,"易派客"正式投入商业运营,启动"互联网+"的运营模式。截至2019年10月底,平台在线商品达到186万种,较2018年年底增长4%;平台注册用户达到19.6万个,注册企业达到7万家,较2018年年底增长18%;平台交易金额实现2862亿元,较2018年年底增长1.2倍;2019年1至10月为4132亿元,已超过去年全年交易额。2018年,平台外部交易金额实现1356亿元,较2017年年底增长5.7倍;外部交易额占平台总交易金额的47.4%,较2017年年底增长31.9个百分点;2019年1至10月份外部交易额为2646亿元,已远超去年全年外部交易额,占平台总交易金额的64%。平台在线支付规模达到1078亿元,较2018年年底增长1.7倍;2019年1至10月在线支付规模为1443亿元,同比增长69%。

供应链管理经验

共创价值经验

易派客通过深耕工业品供应链,聚焦"六通"共创价值。一是纵向贯通产业链。易派客聚焦产业链,为供应商搜寻供应商,为供应商找寻用户方,实现产业链的贯通。二是横向融通供应链。易派客聚焦供应链,集成共同需求,架起供应商与供应商之间高效、经济、便捷的桥梁。三是金融助通资金链。易派客聚焦企业融资需求,应用大数据,协同金融机构,助力关联方获得融资支持。四是多向打通服务链。易派客聚焦服务链,多向助力关联方,开展增值服务,服务国企、民企。五是嫁接连通制造链。易派客聚焦制造链,跨越产业边界,实现装备制造企业制造链的连通。六是合作互通贸易链。易派客聚焦贸易链,提供全流程、内外贸、线上下、一体化解决方案,致力于互联互通、贸易融通。

开放合作经验

一是打造标准引领。易派克匠心打造易派客标准体系(Epec Standard),包括法人信用认证、产品质量评价、履约动态考评和市场业绩表现,推进易派客评价标准、结果国际互认互用,助力国际贸易融通。二是共享增值服务。易派客在提供采购、销售、金融、综合服务的基础上聚焦用户需求,共享增值服务。特别是推出采购专区、一体化连接、知识创新能力评价体系、商业保理服务、电子债权凭证服务、商旅服务、一站式保险服务"易保险",全力打造全流程物流服务。三是融通全球精品。易派客敞开大门面向世界,精心打造包括工业产品展示推介、服务支持和贸易融通的国际业务平台。平台业务覆盖全球 104 个国家和地区,涉及原料、材料、设备、化工等专业领域,助力"一带一路"沿线 68 个国家的企业间实现工业品贸易 86.9 亿美元。

供应链共建经验

易派客致力于与合作伙伴一道,共建阳光供应链,推进采购标准化、制造数字化、物流透明化和信息互联化。截至 2019 年年底,阳光供应链行动已上线关联方企业 17 家,正准备上线 10 家。

易派客供应链金融

易派客作为专业化的工业电子商务平台,主要提供工业品采购、线上交

第6章
引入供应链金融方案

易等服务,同时为了满足上下游企业的资金融通需求,推出了供应链金融服务通道。平台提供的供应链金融产品主要分为商业保理和订单融资两种,需求者可以线上直接申请,通过审核后快速获得融资。

商业保理业务。(1)保理:指供应商与采购商订立销售合同后,将合同所产生的应收账款转让给商业保理公司,商业保理公司为供应商提供应收账款融资。(2)易派客商业保理业务:中国石油化工集团有限公司发生采购业务时,供应商向其交货并验收合格,之后需要融资的供应商向易派客商业保理公司提出申请,易派客商业保理公司为其提供有追索权的融资服务,融资比一般为应收账款的70%到80%。(3)业务情况:易派客拥有保理牌照,聚焦实体企业实体运营,基于ES评价数据,全程在线操作,提供全方位、多元化的商业保理服务。已为410家企业提供保理服务,总额129亿元。(4)商业保理优势:应收账款提前变现,缓解流动性压力;改善企业财务报表,优化企业资产结构;提高资金周转率,扩大销售规模;促进规模经济效益,降低生产成本。(5)服务优势:最快当天放款、融资利率有吸引力、不占用金融机构授信额度、融资期限灵活、全流程在线操作。

订单融资业务。(1)业务介绍:易派客平台与银行合作,为供应商提供融资服务。易派客平台向银行提供数据,当供应商向银行申请融资时,银行可以如实了解供应商与中国石油化工集团有限公司的交易情况,从而提高银行审核效率和授信额度,为供应商提供便利。(2)申请条件:融资申请人在易派客平台注册并通过身份验证,即可进行融资申请。(3)合作银行:华夏银行、交通银行、广发银行、民生银行、工商银行、中国银行。

电子债权凭证服务。电子债权凭证服务提供应收账款债权的拆分、转让、融资;借助央企信用,实现多级流转,有效缓解中小企业融资难、融资贵问题,助力实体经济发展;平台采购结算,促进供应链、资金链信息融合,助力供应链阳光、公开;提前取得凭证、明确账期、灵活统筹资金,优化供应链资金状况,助力融通资金链。

业务运营模式。易派客供应链金融业务主要面向供应商,为供应商提供商业保理和订单融资业务。其中商业保理业务基于供求双方所签产品合同,融资中涉及供应商和易派客保理公司两方。供应商提交申请后,易派客保理公司进行审核,审核通过后发放融资款,若采购方到期未付款,保理公司有追索权。而在订单融资业务中,易派客平台扮演着类似于中介的角色,供应商首先登录平台提交申请,平台汇总后提交银行,银行审核通过后给予放款。

6.3.2 中铁建资产公司供应链金融

集团简介

集团前身是铁道兵的中国铁建股份有限公司(中文简称中国铁建,英文简称CRCC),由中国铁道建筑有限公司独家发起设立,于2007年11月5日在北京成立,为国务院国有资产监督管理委员会管理的特大型建筑企业。2008年3月10日、13日分别在上海和香港上市(A股代码601186、H股代码1186),公司注册资本135.8亿元。中国铁建是中国乃至全球最具实力、最具规模的特大型综合建设集团之一,2019年《财富》"世界500强企业"排名第59位、"全球250家最大承包商"排名第3位,2018年"中国企业500强"排名第14位。公司业务涵盖工程承包、勘察设计咨询、房地产、投资服务、装备制造、物资物流、金融服务以及新兴产业。经营范围遍及全国34个省、自治区、直辖市、特别行政区,以及世界多个国家。已经从以施工承包为主发展成为包含科研、规划、勘察、设计、施工、监理、维护、运营和投融资的完整行业产业链,具备了为业主提供一站式综合服务的能力。

第 6 章
引入供应链金融方案

平台简介

中铁建资产管理有限公司成立于 2011 年 3 月,注册资本 30 亿元人民币,是中国铁建股份有限公司的全资子公司。目前下设 2 个全资子公司、5 个控股子公司和 5 个参股公司。经营范围涉及资产管理、产业基金、投融资管理等领域。公司的定位是产业链金融及创新金融综合服务平台,以融促产、助力主业,为中国铁建转型升级提供支撑。2018 至 2019 年供应链金融产品"铁建银信"累计开立 523 亿元,为供应商提供融资 370 亿元,铁建小件物资集采累计询价超过 58 亿元,累计成交 34.26 亿元。

采购模式

铁建商城集信息、交易、金融、管理于一身,致力于为中铁建集团的采购解决寻源难、比价难、供应商把控难、付款结算难、流程监管难、纠纷举证难等问题,打造综合性"互联网+"集采平台。针对市场获取信息不全、采购透明度不高、供应商资源渠道狭窄和付款流程复杂的问题,采用招标采购、询价采购、框架采购、比价直采、竞价采购和团购议价六种模式灵活进行采购。

银信简介

铁建银信平台是由中国铁建利用互联网、云计算技术搭建的线上供应链金融平台。平台致力于解决铁建产业圈内外企业开票难、付款难、拆票难、流转难、融资难等诸多难题。以中国铁建成员企业的应付账款为依托和最终风险抓手,以供应商的应收账款余额的 50% 至 70% 核定授信额度,对应收账款进行质押,由商业银行提供信用贷款,供应商为贷款的还款人。伙伴贷可以帮助供应商从银行获得申请简便、放款快捷、还款灵活、利率优惠的资金,优化供应商的融资渠道、融资手段,降低供应商的资金成本,进而改善中国铁建各成员单位的供应链生态。

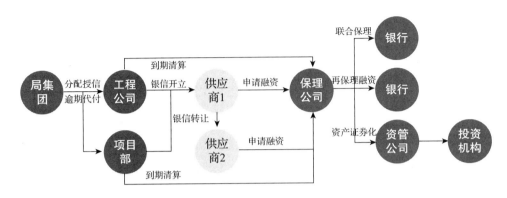

图 6.4　铁建银信的业务模式

通过搭建全线上化保理平台——铁建银信，为中国铁建提供自主信用支付工具，为铁建全系统增加流动性 210 亿元，即减少有息负债 210 亿元。铁建银信在防控风险的基础上丰富了内部支付方式，为系统成员单位提供了大量流动资金，缓解了成员单位资金支付压力。截至 2019 年年底，未到期银信余额 210 亿元，贴现融资余额 140 亿元。2017—2019 年，铁建银信累计开立 523 亿元，为供应商提供融资 370 亿元，为超过 3000 户系统内单位和超过 33000 户供应商企业提供了服务。

银信的优势

流程闭环化：银信开具、转让环节与共享中心高度融合，确保银信开具和内部流转是成员单位真实意思的表示，完全符合成员单位内部控制制度的要求。与财务公司共用网银 Ukey，在保证安全的同时，便捷成员单位经办人员的操作和管理。平台已经获得交易所、交易商协会、各金融机构总行审批部门、业务部门、信息部门的高度认可，将平台作为标杆。银信到期通过与财务公司建立财企直连，与成员单位签订三方代扣协议，一方面做到了业务和资金的闭环，另一方面简化了成员单位到期付款审批手续，提升了各单位在财务公司的资金上存率和全股份在财务公司的结算量和集中度；同时也提升了到期清分的效率，保障了信誉。

第 6 章

引入供应链金融方案

放款快捷化：2018 年 6 月份以来，平台做到了当天四点前符合条件的融资申请当天放款，实现了 24 小时放款的承诺。中小供应商在外部融资成本普遍较高，商票在市面上的贴现价格达到了 15%，对于银信 7% 左右的定价非常认可。此外，银信支持拆融，现在拆融的供应商越来越多，通过拆融可以进一步降低成本。当然，这也要建立在放款快捷的基础上。

渠道多样化：首先，保理公司目前实缴注册资本 10 亿元，在同类保理公司里实缴注册资本规模最大，为供应商融资提供了大额的自有资金，也为从金融机构获得金融资源提供了有效的保证。其次，平台已与多家金融机构对接，通过直接融资、间接融资以及资产证券化、银行直放等多种方式解决资金渠道问题，保障了广大供应商对快速融资的需求。2019 年 2 月 4 日前放款金额达 46 亿元。

融资个性化：针对施工企业应付账款账期较长、供应商开具发票时间较长（超过一年）的现状，鉴于金融机构按照目前的监管要求不接受开票时间在 1 年以上的保理融资，平台在放款完成后通过 ABN/ABS 等进行资产处置，解决了供应商融资发票超期问题。平台在系统中搭建了发票池，避免了重复融资，针对一张发票金额巨大、多次拆融的需求，在发票池中逐张登记使用金额，确保合规。

功能多样化：通过召开多次系统管理员需求座谈会，让成员单位、供应商为平台面对面提意见、讲问题，先后实施了大小升级 700 多次，在确保安全合规的前提下基本满足了成员企业和供应商对平台的各类需求。

服务体系化：平台目前已经拥有了 30 多人，组建了专业的客服团队的客服系统，搭建 400 电话服务平台，打不进、接不到的现象得到了根本性的改变。针对成员企业的需求，分别建立了管理员联系群和各局业务沟通群，及时解决和满足成员单位在银信使用过程中遇到的问题和需求，通过一年多的努力，已经建立起一整套立体化的服务体系。

6.3.3 中铁商业保理供应链金融

平台简介

中铁商业保理有限公司于 2018 年 2 月 7 日在广州市南沙保税港区注册成立，公司注册资本金 10 亿元，由中国中铁全资子公司中铁资本有限公司（持股 90%）和中铁隧道集团有限公司（持股 10%）联合设立。

中铁商业保理有限公司是"世界企业"和"世界品牌"双 500 强——中国中铁股份有限公司金融板块的重要成员之一，公司总部设立在北京。公司是中国中铁响应国家号召，为完善金融产业链，提供市场化、产业化、线上化融资服务的一家新型产融结合的供应链金融服务公司。

中铁商业保理有限公司，旨在凝聚互联网思维，依托中国中铁庞大产业背景，实现系统内外部优质资源整合。顺应产融结合战略要求，以项目为依托、真实贸易背景为基础、风险控制为前提、大数据为风控依据，通过应收账款转让等形式，为中国中铁产业链的上下游企业提供一站式供应链金融解决方案，促进了中国中铁金融生态圈体系的和谐共生。

E 信简介

中铁 E 信是中国中铁供应链融资信用凭证的简称，是在中铁供应链金融平台上流转的企业信用，是通过中铁供应链金融平台开具的体现双方真实贸易关系的信用凭证，是中铁保理推出的一种类似于商业汇票的结算方式，中国中铁所属企业均可作为开具单位，向供应商开具中铁 E 信凭证，用于交易支付。

中铁 E 信是中国中铁及其所属成员企业向供应商开具的体现交易双方基础合同之债权债务关系的电子信用凭证，为中国中铁供应链上下游企业提供了一种全新的结算方式和便捷、低成本的融资新渠道，具有高信用、自由拆分、自主转让、任意贴现、安全、高效等特性。

6.3.4 中交集团供应链金融

集团简介

中国交通建设集团（简称"中交集团"）由原隶属于交通部的各港航、公路设计和施工单位组成，在交通部及各省市交通主管部门的支持和帮助下取得了长足的发展，目前是国务院国资委监管的特大型中央企业，是世界最大的港口设计建设公司、世界最大的公路与桥梁设计建设公司、世界最大的疏浚公司、世界最大的集装箱起重机制造公司，也是中国最大的国际工程承包公司。2018年，中交集团居《财富》"世界500强企业"排名第93位，在国务院国资委经营业绩考核中获得了"14连A"，综合排名第4名。

中交集团拥有的业务覆盖全球，有强大的产业链整合能力和采购需求，拥有70家以上的子公司、15万名员工、250万人的劳务队伍、1.2万亿元的年新签合同额、4000亿元的年采购规模和上千亿元的融资需求。

平台简介

中国交通信息科技（集团）有限公司负责交建云商平台建设，公司成立于2001年，由中国交通建设集团有限公司控股。交建云商平台围绕中交集团产业布局，有大宗采集、工程辅材、商旅、电子超市、工程劳务分包和供应链金融服务六大核心功能专区，打造产业供应链新生态，形成现代供应链新动能。

平台经验效果

一是在线电子招投标应用，快速取得实际效果。电子招投标服务自上线以来，实现了集团核心主材、大型设备采购的集中管理，累计交易额达5200亿元，节约金额超百亿元，实现降本增效，切实提升企业集中采购管理水平。

二是各专区全面应用，落地集团"大采购"战略。建立 6 大特色专区，不同业务专区、不同采购方式，实现了企业采购的全覆盖，推动集团"大采购"战略落地。通过大客户协议降本增效，总体节约成本达 10% 左右。三是金融创新，信用赋能，实现供应链上下游共赢。利用自身良好信用，为产业链中各级中小微企业与农民工精准提供信用支持，服务核心企业 21 家、供应商 883 家，累计融资规模 30 亿元，平均融资成本 4.5%。四是能力输出，服务行业发展。平台在技术能力输出方面帮助客户搭建智能采购平台，协助地方国企提升自身采购管理水平。在电商服务能力输出方面，赋能客户，共享集采成果。积极拓展外部市场，外部市场累计完成采购金额超 1 亿元。五是海外采购，跨境贸易，服务国家"一带一路"倡议。建设海外采购平台，提升集团全球资源配置能力，完成入网供应商 8500 个、海外采购超百亿美元。建成了"自由港+跨境云商+跨境云仓"的产业服务体系，服务"一带一路"倡议。

供应链金融

中交集团贴合自身情况，前端以中交云电商沉淀的真实贸易为背景，后端匹配多元化资金源，探索"中交自金融"的业务模式，落地打造开放性的中交自金融科技平台。

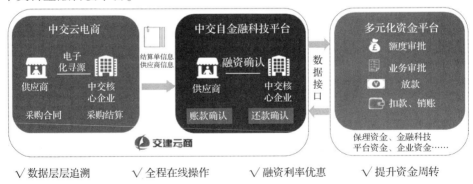

图 6.5　交建云商供应链金融

资料来源：交建云商。

第 6 章
引入供应链金融方案

交建云商供应链金融的特点包括：互联网化，利用互联网技术不断赋能供应链金融；场景化，贴合中交业务场景，打造应收/应付账款融资产品；闭环化，依托交建云商打通全产业链，形成闭环化管理；集成化，提供标准化接口，打造开放性资金服务平台；平台化，含资金平台、支付平台、信用风控平台和技术平台。

中交自金融科技服务平台不断将金融科技与传统采购业务相结合，力争打造一个更加完善的、产品模式多样化的与业务一体的场景化应用服务平台，形成了三种主要的供应链金融业务：一是融资宝，依托核心企业与供应商之间产生的真实贸易订单，为供应商提供低息、便捷、高效融资渠道；二是ABS 云平台，将分散的应收账款进行归集和转让至专项计划，发行证券化产品，有效降低产品发行成本，实现低成本融资；三是票据宝，围绕核心企业，通过线上"电子凭证"打通多级供应商，为供应商提供拆分、流转融资服务，提升融通效率。

6.3.5 国网电商供应链金融

集团简介

国家电网有限公司是根据《中华人民共和国公司法》规定设立的中央直接管理的国有独资公司，是关系国民经济命脉和国家能源安全的特大型国有重点骨干企业。公司以投资建设运营电网为核心业务，承担着保障安全、经济、清洁、可持续电力供应的基本使命。公司经营区域覆盖26个省（自治区、直辖市），覆盖国土面积88%以上，供电服务人口超过11亿人。公司注册资本8295亿元，资产总额3.93万亿元，稳健运营在菲律宾、巴西、葡萄牙、澳大利亚、意大利、希腊、中国香港等国家和地区的资产。公司连续14年获评中央企业业绩考核A级企业，位居《财富》"世界500强企业"前列，是全球最大的公用事业企业。

平台简介

国网电子商务公司（国网雄安金融科技集团）成立于 2016 年 1 月。目前拥有国网商城、综合能源、跨境电商、国网商旅、光伏云网、双创青创、大数据征信和电宝等电商平台，主要业务包括电子商务和金融科技两大领域。截至 2018 年年底，公司累计注册用户数已达 2.3 亿人，累计交易额 7000 多亿元。

管理模式

电商平台以采购权集中、选择权分散为基本管理思路，在坚持"一级平台管控、两级集中采购"的物资管理业务运作模式下，统一通过两级集中采购，一次选择若干供应商进驻电商平台，再分散由各类用户在入围供应商中进行二次选择。以统一管控、分级管理、自主选购推动管理思路落地。电商化采购由总部进行统一管控，设置三级采购专区，对应专区分别由相应总部、省公司、地市公司开展分级管理，最终用户可根据实际需求在平台上进行自主规范选购。

供应链金融产品：数融 e

在国家电网有限公司互联网部、财务部、物资部的大力支持下，国网大数据中心联合国网英大国际控股集团有限公司，在国网浙江电力通过数融 e 大数据产品，顺利完成了公司首单供应商应收账款线上核验及确权。

此前，供应商应收账款核验通过线下方式进行，涉及信息量大，核查效率低。数融 e 供应链金融产品通过与国网浙江电力 ERP 系统互联，挖掘合同、订单等物资和财务大数据，建立智能业务审核模型。在"英大金融"系统上，国网浙江电力及英大信托工作人员实时核定供应商应收账款余额，动态调整融资限额，大大提高了核查效率，为大规模实现供应商信用评级、解决中小企业融资难题奠定了数字化基础。数字产品基于浙电云平台，实现了基础数据整合和数据融通，并充分结合云平台特点，利用MPP数据库的高效分析和Docker容器的弹性部署能力，实现了级联结构程序的快速部署。

6.3.6 央企供应链金融平台建设经验总结

授权或成立专业公司，统一建设、统一运营

各平台统筹各自集团相关资源，实施统一建设、统一运营，获得了快速发展。

平台业务范围：从物资采购向服务采购延伸

以中国石油化工集团有限公司的易派客为例，其业务范围从采购与主业有关的物资开始，依次向办公及员工生活物资/循环物资、劳务外包、商旅服务、物流和供应链金融开展。其他平台的业务范围拓展方向基本和易派客的发展方向相同。

大力创新供应链金融服务

借助供应链体系和金融科技，供应链金融服务已经涵盖**"订单、库存、物流、应收应付"**等各交易链条，其中以应付账款作为融资对象的**"信用赋能"**创新产品，在极短的时间里发展最为迅速，各家平台均体现了不同类型的供应链金融创新。

平台发展方向：从服务内部市场向外部市场延伸

按照平台成熟度和范围，可分为初级、中级和高级三个阶段。初级阶段的特征是个别业务可辐射外部客户，除易派客外的四大电商平台均处于该阶段；中级阶段有一定行业话语权，初步成为行业性平台，中国石化的易派客具备一定该阶段的特点，成了采购供应链建设的领先者。高级阶段的特征是成为行业标准，主导行业供应链资源配置，目前尚未有平台进入该阶段，该阶段也是采购供应链体系未来发展的方向。

表6.6 央企电商及供应链金融产品对比

内容	国网电商	中石化易派客	铁建电商	中铁保理	交建云商
平台上线时间	2016年	2016年	2017年9月1.0版 2019年7月2.0版	2018年	2016年
初始交易规模	—	94亿（2016年）	—	—	—
当前交易规模	7000多亿元（2016年至2018年）	4500亿元（2019年）	小件物资采购34.26亿 铁建银信523亿	—	招投标累计5200亿元，零散物资及服务类等累计559.56亿元
远期目标规模	—	50000亿	—	—	—
业务范围	采购/商旅/物流/金融	采购/商旅/物流/金融	采购/商旅/劳务/金融	采购/商旅/劳务/物流/金融	采购/商旅/劳务/金融
供应链金融产品	金融：数融e 大数据征信	金融：易权通 易派客标准指数	金融：铁建银信	中铁E信	金融：票据宝
服务对象	集团内	大力拓展集团外市场	集团内	集团内	集团内为主 少量集团外

未来，平台同质化竞争将加剧，因此，在集团统一的供应链战略引领下，统一建设通用性和复用性好的智慧供应链基础设施，并统一运营，是提升集团供应链竞争力和引领行业发展的重要支撑。

Chapter Seven

第 7 章

供应链金融的风险管理

Chapter Seven

上一章我们基于创新扩散理论构建了供应链创新模型,并简要介绍了5家央企发展供应链金融业务的案例。那么供应链金融业务面临何种风险?应当如何管理?本章将详细阐述。

7.1 供应链金融业务面临的风险

7.1.1 什么是风险

在古典决策理论中,风险即人们所期望达到的目标与实际出现的结果之间产生的距离。狭义的风险强调损失的不确定性,结果只能是损失,而风险中获利的可能性不属于狭义风险的范畴;广义的风险强调不确定性,结果可能带来损失、获利或是既无损失也无获利。

在金融领域,风险是指投资实际收益与预期收益间差异的不确定性,不仅包括"下行风险"(回报不及预期),也包括"上行风险"(回报超过预期)。金融风险可能是由众多市场因素决定的市场依赖性风险,也可能是由欺诈行为导致的经营性风险。金融风险会导致损失部分或全部的原始投资。通

第 7 章 供应链金融的风险管理

常可以通过投资的历史行为和结果来评估金融风险。

风险与回报之间的关系在金融领域中至关重要。一个人寻求的潜在回报越大，他所要承担的风险就越大。自由市场下金融工具的定价反映了这一原则：交易者对于更加安全的金融工具的强劲需求推高了其价格，拉低了其承诺回报；反之，交易者对风险更大的金融工具的疲软需求则压低了其价格，提高了其承诺回报。

在金融市场中，可能需要度量信用风险、信息时机和来源风险、概率模型风险、操作风险和法律风险。随着金融市场的自动化，"实时风险"的概念也得到了广泛的关注。

7.1.2 供应链风险

到目前为止，供应链风险尚没有统一的、规范的界定。供应链的风险主要分为内生风险和外生风险。内生风险包括但不限于道德风险、信息传递风险、生产组织与采购风险、分销商的选择产生的风险、物流运作风险、企业文化差异产生的风险；外在风险包括但不限于市场需求不确定性风险、经济周期风险、政策风险、法律风险、意外灾祸风险等。因上述风险而导致供应链中某一环节原材料供应不及时，可能导致整个供应链健康运行的失衡。

7.1.3 供应链金融风险环节

与供应链风险相关，供应链金融风险是指在一定的经济环境中，上下游企业和所有其他参与方预期的物流、资金流、信息流的运行情况和实际状况不一样，最终使从事供应链金融的企业或其他组织蒙受损失的不确定性。供应链金融在较完善的供应链网络中可通过紧密的合作关系解决各环节的资金问题，明显缩短现金流量周期并降低企业运营成本，但如同一把"双刃剑"，在增加供应链企业运营效率的同时，也对其经营产生一定的风险。我们从两方面对供应链金融风险进行阐述：一方面，供应链企业提供金融类服务（如保理、贷款等）时，将面临不同的外生风险，可能对经营产生影响；另一方面，供应链金融业务嵌入企业经营业务（应收账款融资、库存融资以及预付款项融资模式）中，可能给经营及财务状况造成一定的内生风险。

供应链金融的外生风险

一般指外部经济周期、金融环境及政策发生的变化对供应链金融造成的影响。我们主要从宏观经济周期、政策监管环境以及市场金融环境三个方面来分析。

（1）宏观经济周期：供应链金融在一定的经济环境中运行，金融活动涉及不同产业、融资平台以及流动性服务商，相较于单环节运行的传统贸易业务，涉及范围较广，一旦经济状况出现波动，将导致供应链金融模式中各环节的主体面临较大的风险，从而使整体供应链资金风险加剧。尤其在经济出现下行或衰退时，市场需求疲软，供应链企业将普遍面临生存经营困难，甚至是破产等问题，最终造成金融活动丧失良好的信用担保。

（2）政策监管环境：传统金融活动主要由商业银行等金融机构主导，随着市场的快速发展以及企业的扩张，为满足市场业务发展需求，金融工具不断得到创新，同时在政策及监管机构的允许下，非金融类企业在取得相应资质后可经营金融类业务，并受到相关法律及监管条例约束，例如供应链贸易企业可从事保理、贷款及融资租赁业务。一旦政策或监管环境发生变化，如对供应链贸易企业提供的金融业务的监管力度提高或约束范围扩大，将对供应链金融活动产生不利影响。

（3）金融环境：供应链金融业务的主要盈利来源是息差收入，当供应链企业获取融资的成本远小于其从事供应链金融业务所获得的利息收入时，供应链金融业务利润空间较大。一旦市场流动性偏紧，金融环境恶化导致资金成本上涨，供应链金融业务融资费用增加，尤其在市场利率出现较大波动的

第 7 章
供应链金融的风险管理

情况下,供应链金融业务利润收缩,甚至将造成供应链各环节企业资金紧张,使融资款项无法收回。

供应链金融的内生风险

供应链企业在经营过程中结合具体业务,在采购、库存以及销售阶段提供不同的融资模式,将资金风险转移到自身,并获取毛利率高的资金收益,我们具体从经营以及财务两方面来进行分析。

(1) 经营风险

供应链关联度风险。较为完善的供应链体系整合度较高,资金流转在供应链业务中形成闭环,供应链企业可通过对各环节的跟踪管理来控制供应链金融风险,同时要求供应链采购、生产、销售、仓储及配送等各环节在所涉贸易业务领域具有较高的关联度,可对同一领域业务形成紧密、配合顺畅的合作关系。如果供应链企业关联度低,融资环节出现缺口造成风险不可控,可能对供应链金融业务参与企业经营造成影响。

供应链上下游企业信用风险。供应链上下游企业的信用状况在一定程度上反映其偿债意愿以及偿债能力,良好的资信状况是供应链金融业务正常运转的前提。中小企业通常资信状况相对于大型企业较差,加之我国征信体系尚不健全,导致违约成本不高,易出现债务偿还延缓或回收困难,导致供应链金融风险加大。

供应链贸易背景风险。在虚假的供应链贸易融资背景中,通过提供虚假的业务单据和货物凭证来取得融资借款,而资金则被转移至其他投机或投资业务,将导致针对供应链企业提供的金融业务承担巨大资金损失。

供应链管理及运营风险。从供应链管理的角度来看,供应链各环节的有效整合管理是供应链金融业务正常运转的基本前提,供应链企业借助其专业管理能力促成各环节各主体的紧密配合以及协调统一,同时也对供应链企业的专业水平提出了更高的要求,一旦供应链企业运营过程中出现管理机制问题，或将引起供应链风险失控，将对供应链经营造成一定冲击；从供应链企业运营的角度来看，供应链上下游各环节企业自身的运营状况决定了供应链业务能否正常运作，一旦某个企业经营恶化，造成商流、物流及信息流的不连贯，触发资金流的断裂，供应链金融业务链也将随之崩塌。

(2) 财务风险

资产流动性风险。供应链企业通过赊销和垫付的模式为链条上的中小企业提供融资服务，导致企业出现较大规模的预付款项和应收账款，资金的提前支出与延迟回收会降低企业资金效率，并易造成企业阶段性的经营资金压力，一旦大规模的预付和应收类款项出现或将出现流动性问题，不利于企业业务拓展。

债务融资风险。供应链企业在提供金融服务的同时，自身对外部资金的需求较大，通过债务融资的滚动维持金融业务的发展。在此具体过程中，企业依托自身良好的资信情况以及整体供应链为潜在的担保基础，向银行等机构获取借款，再通过供应链贸易业务或金融业务将资金放贷至其他中小企业来获得资金套利，因此，供应链企业债务负担较重，随着业务规模的不断扩大，杠杆水平持续增高，可能对后续的再融资业务产生限制，高杠杆、重债务的经营模式将刺激供应链金融风险的暴露。

现金流风险。大量的垫资和赊销业务会导致企业资金出现较大规模的流出，且回收期限延缓，不利于流动性的积累。经营性现金流对企业债务覆盖能力较差，企业经营及债务偿还资金依赖于外部融资，造成了较大的筹资压力，一旦出现外部融资渠道受阻，供应链企业可能面临资金断裂风险。

7.2 供应链金融的风险管理

7.2.1 风险管理

风险管理（Risk Management）是指通过对风险的认识、衡量和分析，选择最有效的方式，主动地、有目的地、有计划地处理风险，以最小成本争取获得最大安全保证的管理方法。

风险管理简介

理想的风险管理，遵循优先级，首先处理可能造成最大损失（或影响）和具有最大发生概率的风险，然后按降序处理具有较低发生概率和较低损失的风险。在实践中，评估整体风险的过程可能很困难，而且用于缓解风险的资源之间可能失衡，这些资源可用于缓解发生风险较高但损失较低的风险与损失较高但发生风险较低的风险之间的关系。在管理供应链金融风险时同样遵循以上理念和方式。

当缺乏应对某种情况所需的知识，知识风险就会出现；当无效的合作发生时，关系风险就会出现；当应用无效的操作程序时，过程参与风险可能成为问题。这些风险直接降低了知识型员工的生产率，降低了成本效益、盈利能力、服务、质量、声誉、品牌价值和盈利质量。这些风险都会极大地影响供应链和供应链金融方案的正常运行，而无形风险管理可通过识别和减少降低生产力的风险来为供应链整体创造即时价值。

风险管理者在进行风险管理时面临的一项重要挑战是识别机会成本。很难确定何时将资源用于风险管理，何时将这些资源用于其他地方。同样，理想的风险管理最小化了支出（或人力及其他资源），也最小化了风险的负面影响。在供应链金融风险管理中谨慎分析风险管理方案的机会成本尤其重要。

风险管理的原则

国际标准化组织（ISO）确定的风险管理原则如下：风险管理的目的是创造和保护价值。它提高了绩效，鼓励创新并支持目标实现。

有效的风险管理需要包含8个要素：

集成化：风险管理是组织的所有活动的组成部分。

结构化和全面化：结构化和全面的风险管理方法有助于取得一致的和可比较的结果。

定制化：风险管理框架和流程是定制的，并且应根据其组织与目标相关的外部和内部环境来定制。

包容性：利益相关方的适当且及时的参与，以使他们的知识、观点和看法得以融入进来。这可以使其提高认识，并进行明智的风险管理。

动态性：随着组织外部和内部环境的变化，风险可能出现、改变或消失。风险管理以适当和及时的方式预测、监控、掌握和响应这些变化和事件。

最优信息：风险管理的输入基于历史和当前的信息，以及未来的预期。风险管理明确考虑到与此类信息和预期相关的任何限制和不确定性。信息应及时地、清晰地提供给相关的利益相关方。

人文因素：人类行为和文化在每个层次和阶段都对风险管理的各个方面产生重大影响。

持续改进：通过学习和经验，不断提高风险管理水平。

风险管理的步骤

大多数情况下，风险管理的方法由以下元素组成：

识别威胁；

评估关键资产面对特定威胁的脆弱性；

确定风险（即对特定资产遭遇特定类型攻击的预期可能性和后果）；

确定降低这些风险的方法；

优先考虑降低风险的措施。

根据 2018 版 ISO31000《风险管理实施原则和指南》，风险管理的过程包括沟通与咨询，确立范围、环境和准则，风险评估，风险应对，监督和审查，记录和报告六个步骤。

第7章
供应链金融的风险管理

（1）**沟通与咨询**。沟通和咨询的目的是帮助利益相关方理解风险、明确决策的基础以及需要采取特定行动的原因。沟通旨在提高对风险的认识和理解，而咨询涉及获得反馈和信息以支持决策。两者之间的密切协调应促成真实、及时、相关、准确和可理解的信息交流，同时考虑到信息的保密性和完整性以及个人的隐私权。在风险管理流程的所有步骤以及整个过程中，应与适当的外部和内部利益相关方进行沟通和咨询。

沟通和咨询的作用有四个方面，一是为风险管理过程的每个步骤提供不同领域的专业知识；二是在定义风险标准和评估风险时，确保适当考虑不同的观点；三是提供足够的信息以促进风险监督和决策；四是在受风险影响的人群中建立一种集体感和主人翁意识。

（2）**确定范围、环境和标准**。确定范围、环境和标准的目的是有针对性地设置风险管理流程，从而实现有效的风险评估和恰当的风险应对。范围、环境和标准涉及界定流程的范围，以及理解外部和内部环境。

确定范围——组织应确定其风险管理活动的范围。由于风险管理过程可能适用于不同的级别（例如战略、运营、方案、项目或其他活动），因此必须要清楚考虑范围、相关目标以及它们与组织目标的一致性。在规划方法时，需考虑的因素包括：需要制定的目标和决定，对流程中各步骤的预期结果，时间、地点、具体包含的和应排除的要素，适当的风险评估工具和技术，需要的资源、责任和记录，与其他项目、流程和活动的关系。

外部和内部环境——外部和内部环境是组织制定计划和实现目标的基础。风险管理流程的背景应该建立在对组织运营的外部和内部环境的理解之上，并应反映风险管理流程中适用活动的具体环境。

定义风险标准——组织应明确与目标相关的可能发生或不会发生的风险的数量和类型。还应该定义评估风险重要性和支持决策过程的标准。风险标准应与风险管理框架保持一致，并根据相应活动的具体目的和范围进行定制。

风险标准应反映组织的价值观、目标和资源,并与风险管理的政策和声明保持一致。标准的定义应该考虑到组织的义务和利益相关方的观点。虽然风险标准应在风险评估过程开始时就确定,但它们是动态的,如有必要,应不断加以审查和修订。

制定风险标准时,应考虑以下因素:一是可能影响结果和(有形和无形)目标的不确定性的性质和类型;二是如何定义和度量(正面和负面)后果和其可能性;三是有关时间的因素;四是测量方法使用的一致性;五是如何确定风险等级;六是如何考虑多重风险的组合和顺序;七是组织的能力。

(3) **风险评估**。风险评估是风险识别、风险分析的整个过程。风险评估应该借鉴利益相关方的知识和观点,以系统、迭代与协作的方式进行。它应使用现有的最佳资料,并在必要时辅以进一步调查。

风险识别——风险识别的目的是发现、识别和描述可能有助于或妨碍组织实现目标的风险。相关的、适当的和最新的信息对于识别风险很重要。组织可以使用一系列技术来识别可能影响一个或多个目标的不确定性。组织应识别风险,无论其来源是否在其控制之下。应考虑到可能存在多种类型的结果,这可能导致各种有形或无形的后果。

风险分析——风险分析的目的是理解包括适当的风险水平在内的风险性质及其特征。风险分析涉及对不确定性、风险来源、后果、可能性、事件、场景、控制及其有效性的详细考虑。一个事件可能有多种原因和后果,并可能影响多个目标。可以根据分析的目的、信息的可用性和可靠性以及可用的资源,以不同的详细程度和复杂程度进行风险分析。根据具体情况和预期用途,分析技术可以是定性的或定量的,也可以两者兼而有之。

风险分析应考虑以下因素:一是事件和后果的可能性;二是后果的性质和严重程度;三是复杂性和连通性;四是与时间相关的因素和波动性;五是现有控制措施的有效性;六是敏感性和信心水平。

第7章
供应链金融的风险管理

风险分析可能受到任何意见分歧、偏见、对风险的看法和判断的影响。其他影响因素包括所使用信息的质量、所做的假设、技术的限制以及执行方式。应该考虑这些因素的影响,并将其记录传达给决策者。

高度不确定的事件很难量化。在分析具有严重后果的事件时,这将会是个难点。在这种情况下,使用技术组合通常会提高分析者的洞察力。风险分析为风险评估,风险是否需要处理、如何处理,以及关于最适合的风险应对策略和方法的决策提供了参考。决策者必须对不同类型和不同级别的风险应在何时做出选择进行判断,这种分析和判断的过程提高了决策者的洞察力。

风险评估——风险评估的目的是支持决策。风险评估涉及将风险分析的结果与已确定的风险标准进行比较,以确定需要采取哪些额外行动。这可能导致决策者在以下的行动中选择一种:一是什么都不做;二是考虑风险处理方案;三是进行进一步的分析,以更好地了解风险;四是维持现有控制;五是重新考虑目标。

决策应考虑到更广泛的背景,以及外部和内部利益相关方的实际及预期后果。应在组织的适当级别记录、传达和验证风险评估的结果。

(4) **风险应对**。风险应对的目的是选择和实施应对风险的方案。风险应对涉及以下迭代过程:一是制定和选择风险应对方案;二是风险应对方案的规划和实施;三是评估应对的有效性;四是决定剩余风险是否可接受;五是如果不能接受,采取进一步的应对策略。

风险应对方案的选择——选择最合适的风险应对方案,涉及在为实现目标实施此方案带来的潜在收益,与实施成本或由此带来的不利因素之间的权衡。

风险应对的原因不仅限于经济方面的考虑,还应考虑到组织的所有义务、自愿承诺和利益相关方的观点。应根据组织的目标、风险标准和现有资源,来选择风险应对的方案。

在选择风险应对方案时,组织应该考虑利益相关方的价值观、观念和潜在参与,以及与之沟通和咨询的最合适的方式。尽管同样有效,与其他人相比,一些利益相关方更容易接受某些风险应对方案。

风险应对即使经过精心设计和实施也可能无法产生预期的结果,或产生的后果让人意想不到。监测和审查应当成为风险应对方案实施的一个必要部分,以确保不同形式的风险应对的有效性。

风险应对方案还可能带来需要管理的新风险。如果没有可用的应对方案或应对方案没有充分降低风险水平,则应记录该风险并对其进行持续监测。

决策者和其他利益相关方应该意识到风险处理后剩余风险的性质和程度。剩余风险应记录在案,并接受监测、审查,酌情考虑进一步的应对处理。

准备和实施风险应对计划——风险应对计划的目的是具体说明如何实施所选择的处理方案,以便有关人员了解安排,并监测计划的执行进展。应明确确定实施风险应对方案的顺序。

应与适当的利益相关方协商,将应对计划纳入组织的管理计划和流程中。应对计划应包含以下信息:一是选择应对计划的理由,包括可获得的预期收益;二是负责批准和实施计划的人员;三是拟议的行动;四是所需资源,包括意外情况;五是结果的计量;六是应对计划的限制;七是所需的报告和监测;八是何时采取行动并完成。

(5)**监督和审查**。监督和审查的目的是保证和提高流程设计、实施和结果的质量和有效性。对风险管理过程及其结果的持续监控和定期审查应是风险管理流程中计划的一部分,其职责应明确界定。

流程的所有阶段均应被监督和审查。监督和审查包括计划、收集和分析信息、记录结果并提供反馈。

监督和审查的结果应纳入整个组织的绩效管理、计量和报告活动。

(6)**记录和报告**。应通过适当的机制来记录和报告风险管理的流程和结果。记录和报告的目的有四个方面：一是在整个组织内传达风险管理活动和成果；二是为决策提供信息；三是改进风险管理活动；四是协助与利益相关方的互动，包括对风险管理活动负责的人。

风险管理的流程和结果的记录包括信息创建、保留和处理等环节，进行每个环节都应当考虑这些信息的使用、敏感性以及内外部环境等因素，必须做到充分考虑、谨慎记录。

报告机制是组织治理的一个组成部分，应该提高与利益相关方的对话质量，并支持最高管理层和监督机构履行其职责。报告需要考虑的主要因素有四个：一是不同的利益相关方及其特定的信息需求；二是报告的成本、频率和及时性；三是报告的方法；四是信息与组织目标和决策的相关性。

面对风险的选择

企业进行风险管理通常会从以下几种风险缓解措施中进行选择：一是从一开始就设计具有足够的内置风险控制和遏制措施的新业务流程；二是定期地重新评估正在进行的过程中作为业务操作的正常特性所接受的风险，并修改缓解措施；三是将风险转移给外部机构，如保险公司；四是完全避免风险，例如关闭高风险的业务。

研究表明，风险管理的财务效益较少依赖于所使用的准则，而更多地依赖于风险评估的频率和执行方式。

一旦风险被识别和评估，所有管理风险的技术都可以分为以下四类：一是回避风险；二是预防风险；三是分担风险；四是自留风险。

回避风险

回避风险是指主动避开可能带来损失的活动，如因为害怕被劫持而避免乘坐飞机。虽然回避风险能从根本上消除风险，但避免风险也意味着失去接受风险可能带来的潜在收益。不投资一个企业，可以避免损失的风险，也丧失了盈利的可能性。

预防风险

预防风险是指采取预防措施，以减小损失发生的可能性及损失程度。兴修水利、建造防护林就是典型的例子。预防风险涉及一个现时成本与潜在损失比较的问题：若潜在损失远大于采取预防措施所支出的成本，就应采用预防风险手段。

分担风险

可简单地定义为"与另一方分担损失或分享从风险中获得的利益的措施"。

风险分担常被等同为"风险转移"，因为人们错误地认为可以通过保险或外包将风险转移给第三方。在实践中，如果保险公司或承包商破产或最终诉诸法庭，最初的风险仍有可能回归到第一方。同样，购买保险合同通常也被描述为"风险转移"。然而，从技术上讲，合同的买方通常对"转移"的损失保留法律责任，这意味着保险应被更准确地描述为事后补偿机制。例如，人身伤害保险并不会将车祸的风险转移给保险公司。风险仍然要由投保人，也就是发生事故的人承担。

一些管理风险的方法同时属于多个类别。虽然从技术上讲，风险保留池是保留组中的风险，应属于风险自留，但是将风险分散到整个组中就涉及组中各个成员之间的风险转移，故而作为风险转移手段更为合适。这与传统保险的不同之处在于，该组成员之间不会预先交换任何保险费，而是会向该组所有成员评估损失。

自留风险

自留风险是指事件发生时接受风险带来的损失或收益。自留风险是一种可行的应对小风险的策略，在小风险中，随着时间的推移，风险的管理成本

第 7 章
供应链金融的风险管理

将大于所承受的损失。所有无法避免或转移的风险均被默认自留。战争就是一个例子,因为大多数财产和风险都没有投保"战争险",所以战争造成的损失要由投保方承担。此外,任何潜在损失(风险)超过保险金额的情况也将构成自留风险。如果发生非常大的损失的可能性很小,或者为更大的保险数额投保的费用太大,以致妨碍了本组织目标的实现,自留风险也是可以接受的。

风险管理计划

制定计划

选择适当的控制手段或对策来降低风险。降低风险需要得到适当级别的管理人员的批准。例如,涉及组织形象的风险背后应该有最高管理层的决策,而 IT 管理层有权决定如何应对计算机病毒的风险。

风险管理计划应提出适用和有效的安全控制机制来管理风险。例如,可以通过获取和应用杀毒软件来降低计算机病毒的高风险性。一个好的风险管理计划应该包含一个控制实施的时间表和相关行动的负责人。

实现计划

遵循所有计划,降低风险的影响。为已决定转移给保险公司的风险购买保单,避免在不牺牲实体目标的情况下可以避免的所有风险,减少其他风险,保留其余风险。

计划的审核和评估

最初的风险管理计划永远不会完美。实践、经验和实际损失将要求对计划进行更改,并提供信息,以便在处理面临的风险时做出可能的不同决策。

应定期更新风险分析结果和管理计划。主要有两个原因:一是评估先前选择的安全控制机制是否仍然适用和有效;二是评估业务环境中可能出现的风险级别变化。例如,信息风险就是快速变化的商业环境中新风险的一个很好的例子。

7.2.2 供应链风险管理

供应链风险管理是基于持续的风险评估，以减少脆弱性和确保连续性为目标，对供应链上的日常和异常风险进行管理的战略。换句话说，供应链风险管理就是运用风险管理过程工具，与供应链合作伙伴一起或独自处理由供应链中的物流相关活动或资源引发的风险和不确定性。

弹性

供应链风险管理通常包括四个过程：识别、评估、控制和监控。然而，由于许多供应链的复杂性，这些过程可能不足以确保为所有的意外事件做好准备。因此，以原因为导向的供应链风险管理的概念往往与供应链弹性的概念相结合，弹性供应链旨在确保供应链能够承受风险并从中恢复。因此，供应链的弹性就是供应链的适应能力。

恢复时间

思科最初引入并被供应链风险领导委员会（Supply Chain Risk Leadership Council, SCRLC）采用的一个重要指标是恢复时间（Time to Recover, TTR）。恢复时间是指在供应链中断后，公司恢复100%运营产出所需的时间。确定恢复时间的前提是，由于发生重大事故，该设施基本上无法使用，需要进行大量的维修和重建，以及重新采购和鉴定用于制造和其他业务的关键设备。

度量风险

供应链风险是事件发生的可能性及其影响的函数，也称为风险供应链函数。供应链风险函数是最流行的量化风险的方法，使用此方法来计算供应链风险的缺点是，它需要评估 n 个供应链位置（可能成千上万个位置）的许多不同事件类型的可能性或概率。因此，不同可能性的范围非常广泛。这种方法通常更适合较小的站点子集。大多数公司着眼于使用风险评分来衡量风险，有许多不同的指标，例如，财务风险评分、操作风险评分、弹性评分（R 评分）等容易获得、易于分析并且可以有效使用和容易理解的指标。

主动管理风险

商业持续性研究所（The Business Continuity Institute，BCI）和苏黎世保险公司在 2011 年对 65 个国家的 559 家公司进行了一项调查，发现超过 85% 的公司在这一年中至少经历了一次供应链中断。受访者还指出，40% 的报告中断来自次级供应商，而不是他们的直接供应商。因此，主动管理风险异常重要。

应急计划

可以设计一个可接受风险水平的方案，包括：管理股票、考虑其他采购安排、业务中断/意外保险、风险评估及审核、宣传活动和培训计划、使用来自大数据分析和持续监测的商业智能预测安全措施、冗余优化、延期进行和协作进行。

7.2.3 供应链金融风险管理

供应链金融风险管理的原则

传统的供应链金融业务对线下风控能力要求较高。公司必须建立完备的风控体系，明确核查要素，不放过每一个细节。在人员配置上要合理安排，形成相互监督的机制。通过制度的完善，减少操作风险和道德风险。

供应链本身的风险可能会影响到供应链金融，加之供应链金融的外生风险和内生风险，宋华教授总结出了供应链风险管理的原则。

表7.1 供应链金融风险管理的原则

方面	原则
业务闭合化	供应链的整个活动有机相连、合理组织、有序运行，从最初的价值挖掘到最终的价值传递和价值实现形成完整循环
管理垂直化	对各个管理活动和领域实施专业化管理，并且使之相互制衡，互不从属或重叠
收入自偿化	以供应链运营收益或者所产生的确定的未来现金流作为直接还款来源。风险管理工具包括动产质押和抵押、单据控制（退税托管、国内信用证）、个人无限连带责任以及关联方责任捆绑等
交易信息化	企业或组织内部的信息沟通，以及供应链运营过程管理的信息化
风险结构化	合理设计业务结构，采用各种有效手段或手段组合化解可能存在的风险。具体包括保险、担保与承诺、协议约定和风险准备金的建立

资料来源：根据宋华《供应链金融（第2版）》整理。

供应链金融风险评估指标

防范可能出现的风险，关键在于建立国家信用管理体系，完善交易过程中金融工具标准化的制定。在此之前，需要建立一个相对统一的风险评估指标体系，通过该体系可以反映供应链财务、业务流程、业务前景等供应链信息，作为财务风险评估的基础。供应链涉及生产、流通，并连接到批发、零售和最终用户，是一个社会再生产的过程，也是一个社会再循环的过程，关系到企业从原材料采购到生产、销售，再到最终用户的全过程。因此，供应链金融风险的评估不在于中小不良资产隐患的存在，而在于交易完成的可能性以及对整个供应链未来预期收益的评估。也就是说，供应链中的交易风险构成了供应链中的财务风险。可以建立一个风险评估指标体系框架，统计指标包括财务价值水平、商业流程水平、反馈服务水平和预期发展水平四方面内容，从而为建立标准的金融工具和交易程序铺平道路。

第7章
供应链金融的风险管理

表7.2　供应链金融风险评估指标体系

方面	指标
财务价值水平	供应链平均投资回报 供应链平均存货周转天数 供应链平均现金周转天数 ……
商业流程水平	有效交货时间 订单满足率 供应链物流管理成本率 供应链核心产品成本下降率 新产品销售比例 生产的灵活性 供应链增加价值率 ……
反馈服务水平	订单总循环时间 用户满意率 用户持有率 供应链响应时间 ……
预期发展水平	预期资金需求量 预期资金流转层级数 预期生态圈企业数量 ……

金融科技赋能下的供应链金融风险管理

对于传统的供应链金融业务来说，最大的漏洞和风险点就是不完整信息下的信用风险和不对称信息下的道德风险。银行不愿针对上下游中小企业展开相关业务或要求过高的贷款利率作为安全边际，同时，因为供应链上下游贸易链条价值高、频率快、区域广，利用传统的信息收集和处理手段很难在合理成本下获得真实、有效、及时、低成本的信息。大数据风控、"区块链＋物联网"和人工智能技术等金融科技的运用将使传统供应链金融业务中凸显的问题逐一得到改善。

(1) 利用大数据风控系统降低不完整信息下的信用风险

银行对中小企业的传统信贷业务,因为企业经营规模较小、缺乏完善的报表信息,往往要以中小企业的房产抵押作为单一的信用手段,对中小企业的运营情况和产业链情况掌握不全。一旦发生信用风险,银行又面临处置抵押品的众多手续和流程,效率较低。利用大数据风控系统可降低不完整信息下的信用风险,贷前审批时利用模板化信息收集方式,将供应链金融风控模式数据化、动态化,通过对客户财务数据、生产数据、电水消耗、订单数量、工资水平、资产负债、现金流量、投资偏好、成败比例、产品周期、安全库存、销售分配、技术水平、研发投入等海量数据进行全方位分析和挖掘,可客观反映企业状况,实现实时风险预警,从而提高资信评估和审批速度,降低不完整信息下的信用风险。

网商银行依托阿里巴巴在电子商贸上的绝对优势地位,为旗下1688市场、天猫超市、菜鸟等商业平台的上下游小微企业提供存赊购、应收账款质押、存货融资等全系列供应链金融服务。基于大数据风控模型,利用淘宝和天猫等电商平台的海量数据库,对借款人进行身份、信用、流量以及库存、销量、营业收入等经营状况进行要素审核,并接入金蝶、用友等企业级服务平台,交叉验证借款人的综合经营信息,通过大数据分析降低不完整信息的风险,为小微企业提供在线实时贷款服务,审批过程最快能在1分钟之内完成。

(2) 区块链+物联网模式降低不对称信息下的道德风险

区块链

区块链本质上是分布式账本数据库,具有加密、不可篡改、可追溯等特点,区块链技术可以提高供应链金融整体的效率和质量,降低信任成本,进而改善多级供应商融资困境。基于区块链的供应链金融解决方案,可以以节

第 7 章
供应链金融的风险管理

点可控的方式建立一种联盟链的网络,涵盖供应链上下游企业、金融机构、财务公司、银行等贸易融资参与主体。

通过区块链的分布式账本,将供应链上下游之间的交易信息纳入统一的信息平台,让参与各方及时准确地了解信息,通过共识认证确认交易信息的准确性,并促使有融资需求的企业将合同、债权等证明上链登记,可以保证这些资产权益数字化以后不可篡改,也不可复制。

通过区块链的自动合约系统,在交易之前预先设定好交易程序,在交易通过区块链共识认证后利用自动合约系统自动完成交易流程,从而提高供应链管理的效率和安全性,降低不对称信息下的道德风险。此外,当发生纠纷时,因所有信息公开透明且可追溯,举证容易且可行性高,有利于纠纷的快速解决。

华夏银行于 2018 年推出"区块链+供应链"产品"链通雄安—区块链—供应链",该产品以雄安集团信用为基础,利用区块链平台数据溯源、行为规范、资金管理等功能,为雄安建设的分包商解决工人工资发放、原材料采购等资金问题。通过银企直联方式与雄安集团区块链项目管理平台对接,推出"平台通宝""跨行通宝"等产品,有效打通平台企业上下游资金链和信息流,为 130 余家产业互联网企业量身定制个性化、综合化、低成本的供应链金融解决方案。2018 年 6 月 15 日发放首笔业务,以"截洪渠"项目为应用场景,为截洪渠总包商中交一航局的分包商河北某路桥公司提供订单融资业务,授信金额 400 万元,首笔订单放款金额 85 万元。

物联网

随着 5G 商用化时代的到来,"区块链+物联网"的供应链金融模式又进一步提升了交易系统的准确性、安全性和运营效率。对于银行来说,联网技术解决了动产质押物流和库存监管问题,降低了银行的融资成本。由于质押动产监管难,银行更倾向于不动产抵押贷款,不愿意动产质押贷款,所以造成了动产资产占比高的中小企业融资难的问题。而物联网可以利用传感技术、定位技术与导航技术实现交易环节（尤其是仓储和货运环节）的数据化和可视化，通过通信技术将物联网数据实时上传到区块链，降低人工登记信息时的失误率和道德风险，提升效率。

平安银行在汽车金融领域发展较早，无论是零售业务中的汽车抵押贷款还是供应链金融中的汽车行业仓单质押或预付款融资，其在金融科技的研发和应用上都在同业中优势突出。2018年平安银行的汽车金融贷款新发放额1476.68亿元，同比增长24.7%，自动化审批占比达75%。通过"区块链+物联网"模式，利用安装于车辆上的RFID标签、停车场内的RFID读卡器、无线摄像头、GPS定位装置、重力传感器和背后的数据信息平台，可以对动产质押品（汽车）进行实时定位与监控。此外，通过引入区块链信息交互平台，区块链的自动化共识认证又确保了各方获得信息的一致性和准确性。

在货物装卸过程中，可通过重力传感器实时采集入库货物的重量，定位设备实时监测和采集入库货物所存放的仓库位置信息，并通过自动比对前端设备采集的货物重量数据与录入的重量数据判断是否装卸完毕。在入库货物装卸完毕后，扫描设备对其进行3D轮廓扫描，仓单管理平台根据仓库位置与货物信息等绑定生成仓单，锁定仓单，并激活报警系统。只要仓单处于锁定状态，任何未经允许的操作都会自动生成警报，在后台直接提示库管员。使入库动产在很大程度上拥有了"不动产"的相关属性，降低了以假乱真、以次充好、重复抵押等仓单质押常见问题的发生概率。

Chapter
Eight

第 8 章

信用赋能的未来

Chapter Eight

8.1 内容总结

随着企业之间的竞争越来越向供应链之间的竞争演化，要成为伟大的企业，也越来越需要拥有与之相匹配的伟大供应链体系。在 2019 年京东"Y Open Day"上，现代供应链之父、斯坦福全球供应链管理论坛创始人、美国国家工程学院院士李效良教授说道："最好的供应链不仅快速，而且具有最优的成本效益，它们敏捷、适应能力强，并能确保合作伙伴的利益，这将是世界级企业的标配。"如同伟大企业的标准一样，伟大的供应链必须能够持续创造价值，确保链上合作伙伴的利益，伙伴众多的中小企业是各供应链重要的组成部分，它们的良好运行是供应链创造价值的前提。然而，大部分中小企业仍然饱受融资难、融资贵的问题困扰，并且有进一步恶化的趋势。

帮助供应链中的中小企业获得金融资源，是相关各方必须承担的责任。供应链金融是行之有效的方案之一。核心企业、金融机构、供应链服务企业和金融科技公司等各方从不同的角度协作，构建了供应链金融的生态系统。供应链金融方案需要能够发现中小企业的信用、传递中小企业的信用给资金

第8章

信用赋能的未来

方从而获取金融资源,这就需要具备相应科技能力的信用中介将中小企业的信息转化为信用,将信用转化为金融资源,协助完成发现信用、创造信用、传递信用、信用转化和价值创造的过程。根据信用中介功能由供应链金融生态系统中的哪一方承担,共有四种供应链金融模式,其中核心企业、金融机构和信用中介三种功能合一的模式是大型集团产融结合,成为世界级伟大企业的可行途径。

在中国特色的经济系统中,央企与国企发挥着主干作用,也往往是供应链中的主要企业,承担着成为伟大企业的历史使命,必须为自身产业链及供应链中的中小企业解决问题。通过核心企业、金融机构和信用中介三种功能合一的模式,逐步实现产融结合,不断强化自身的金融能力和内部金融水平是一条清晰的通向伟大之路。该路径分为外源性金融、财务公司金融和产业银行金融三个阶段,产业银行金融可以完全为集团和供应链自身的金融需求服务,是完美的产融结合状态。伟大之路是以解决供应链中末梢企业的资金困境开始的,而数字债权凭证是解决这一问题的具体工具。

数字债权凭证的构建依托于两个方面,一是 iABCDE 融合的智慧化技术基础,尤其以区块链技术为核心基础;二是支持保障债权分割转让的法律基础。在两者基础上构建了可多级自由拆分、可流转的数字债权凭证产品,并由不少市场先行者开始了自己的实践。前述章节通过中金云创 X 信、中企云链云信、欧冶云商通宝和上海华能电商能信的案例说明了该方案的发展情况和市场价值。

基于已经显现的市场价值,企业可以将供应链金融工具引入自身的供应链体系。然而作为一种创新,供应链金融工具的发展有着一定的规律,企业的引入过程必须要有科学的方法。创新扩散理论解释了人和组织采纳创新的过程,根据该理论可以构建出供应链金融方案的采用模型,想要引入供应链金融创新的企业首先要对创新事项进行倡导,有了充分的认知和共识后才可以着手实施。在倡导阶段需要进行日程安排，将方案和问题进行匹配；在实施阶段企业需要同时重新定义适合自身的供应链金融方案，并针对方案实施适应性的企业和供应链结构重组，然后在自身的供应链系统中不断传播和阐明供应链金融方案，最后将供应链创新常规化为供应链业务的一部分。中国石油化工集团有限公司的易派客等 5 家企业的案例提供了在结构改革中引入供应链金融创新的经验。

引入供应链金融方案后必须关注的重要问题是供应链金融的风险管理，尤其是创新的事务蕴藏着更大的不确定性，风险管理就更加重要。首先要能够描绘出供应链金融面临的供应链风险，包括内生风险和外生风险。接下来，按照识别威胁、评估对自身可能伤害、确定风险、确定应对方法、确定方法优先级的步骤，合理利用风险回避、风险减轻、风险分担和风险接受的风险管理手段应对供应链金融风险。

8.2 未来展望

在 2019 年京东"Y Open Day"上，现代供应链之父、斯坦福全球供应链管理论坛创始人、美国国家工程学院院士李效良教授指出，当前商业面临三大挑战：不确定性增加、变化速度加快；技术和政治经济环境不断变化；有不同利益诉求的合作伙伴不断增加。这也是供应链金融将要面临的挑战。

8.2.1　供应链金融未来的发展趋势

供应链金融未来呈现四大主要趋势：科技化、资本化、垂直化、生态化。每项趋势的特点显著，都将成为供应链金融发展的一条脉络。

科技化：科技是供应链金融升级的加速器

随着产融科技（Findustrial Tech）的持续演进，科技化对产业链各环节的渗透明显，加速产融升级，驱动供应链金融形成新格局，助力供应链金融在客户挖掘、产品服务、合作伙伴及渠道模式方面转型。

金融科技为整个供应链的重构和升级带来了前所未有的机遇。通过金融科技手段进行产业赋能和数据打通（如数据信息、业务信息、场景信息等），将使产品和服务更加智能、场景结合更加紧密、数据价值更加凸显，不断催生新产品、新业态、新模式，为金融发展提供源源不断的创新活力。

资本化：资本成为连接产融的纽带

在供应链金融中，资本不仅是获利的手段，它还帮助供应链金融企业形成了与合作伙伴间的关系纽带，在共赢的目标下实现整体共同发展和价值增值。

垂直化：垂直经营塑造供应链竞争力

随着市场竞争日趋激烈，产业分工和行业划分出现垂直化特征，我们总结了不同金融机构和互联网金融科技平台的纵深拓展模式。通过垂直拓展供应链细分市场、纵深挖掘行业以及辐射覆盖周边地域的实例分析，金融服务机构能利用自身禀赋和能力，立足于垂直领域，精准识别细分市场客户，依托供应链满足上下游企业客户的金融需求，最大程度发挥地缘优势，覆盖周边消费者，提供全方位、专业化的服务。

生态化：构建生态是供应链金融的主旋律

供应链企业及金融集团纷纷开展金融业务，通过自身实力对供应链上下游进行支持，或通过自身能力构建场景化的生态圈，通过合理的资本收益和对业务的透彻理解，在合理控制风险的前提下，帮助供应链生态共同提升硬实力，进行整体生态化转型，并反哺金融业务。

8.2.2 集团企业的伟大之路

集团企业成就伟大之路最终要构建伟大的供应链和产业生态，并促成产融商完美结合,最终持续不断地创造价值。要想做到这一点,需要完全符合自身产业需求的内部金融体系——产业银行,而建立产业银行的前提是形成以产业生态和供应链长期合作为前提的上下游关系,能够实现自身产业体系内的完美协作。

这要求集团企业的结构从金字塔型向平面型转化,让集团企业形成平等的联合体,将领导的角色转换为组织者,将自身体系中的商务公司、制造企业和金融机构整合为以资本为纽带的环形结构,将产业链上的重要企业通过投资捆绑到集团的综合产业链上,形成渗透各个环节的"全产业链"布局。

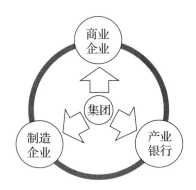

图 8.1　集团企业全产业链布局

这一切的实现旨在解决供应链环节上中小企业的融资难、融资贵问题,实现资金在供应链中毫无阻滞的流动。我们发现通过智能化技术保障的数字债权凭证工具,可实现信用的无损传递和共享,这一供应链金融模式将成为供应链迈向伟大的第一步。

可以预期,未来技术和监管都会进一步创新,企业迈向伟大的条件越来越成熟。没有人能保证未来的成功一定会到来,但正如茹泽朗所说:我们不是在等待未来,我们是在创造未来。

参 考 文 献

[1] 曹庆中. 商业银行供应链金融业务思考 [J]. 合作经济与科技, 2013 (17): 58-60.

[2] 范广智. 智慧城市理念与未来城市发展 [J]. 住宅与房地产, 2016 (6): 44.

[3] 韩民, 高戍煦. 产融结合型银行开展供应链金融业务的策略研究 [J]. 南方金融, 2016 (3): 89-95.

[4] 胡跃飞, 黄少卿. 供应链金融: 背景、创新与概念界定 [J]. 财经问题研究, 2009 (8): 76-82.

[5] 黄德渊, 方燕儿. 财务公司如何向产业银行转型 [J]. 银行家, 2016 (10): 93-95.

[6] 盘红华. 基于物联网的智慧供应链管理及应用 [J]. 中国物流与采购, 2012 (12): 74-75.

[7] 宋华. 从"互联网+"看智慧供应链 [J]. 二十一世纪商业评论, 2015 (8): 24-25.

[8] 王志明. 基于产融结合的中国钢铁产业供应链金融服务方案 [J]. 冶金经济与管理, 2014 (6): 46-50.

[9] 向东, 武传德, 刘鸽. 财务公司向产业银行转型的缘由和路径 [J]. 甘肃金融, 2018 (10): 39-41.

[10] 杨灿明. 产权特性与产业定位——关于国有企业的另一个分析框架 [J]. 经济研究, 2001 (9): 53-59.

[11] 赵然, 安刚, 周永圣. 可持续供应链管理的制约因素及发展策略 [J]. 中国市场, 2015 (13): 18-21.

[12] ALDRIDGE, KRAWCIW. Real-time risk: What investors should know about FinTech, high-frequency trading, and flash crashes [M]. Hoboken: John Wiley & Sons, 2017.

[13] ARNOLD. Cybersecurity: A Business Solution: An executive perspective on managing cyber risk [M]. Winston-Salem: Threat Sketch, LLC, 2017.

[14] ARROW. Uncertainty and the welfare economics of medical care (American economic review, 1963) [J]. Journal of Health Politics, 2001, 26 (5): 851-883.

[15] ATKINSON. Supply chain finance: The next big opportunity [J]. Supply Chain Management Review, 2008, 12 (3): 57-60.

[16] AUBERT, HAMEL. Adoption of smart cards in the medical sector: the Canadian experience [J]. Social Science & Medicine, 2001, 53 (7): 879-894.

[17] BARON, MYERSON. Regulating a monopolist with unknown costs [J]. Econometrica: Journal of the Econometric Society, 1982: 911-930.

[18] BEN-DAYA, HASSINI, BAHROUN. Internet of things and supply chain management: a literature review [J]. International Journal of Production Research, 2019, 57 (15-16): 4719-4742.

[19] BERRY, BERRY. State lottery adoptions as policy innovations: An event history analysis [J]. American political science review, 1990, 84 (2): 395-415.

[20] BÜYÜKÖZKAN, GÖÇER. Digital Supply Chain: Literature review and a proposed framework for future research [J]. Computers in Industry, 2018, 97: 157-177.

[21] CAMERINELLI. Supply chain finance [J]. Journal of Payments Strategy & Systems, 2009, 3 (2): 114-128.

[22] CARSON, ELYASIANI, MANSUR. Market risk, interest rate risk, and interdependencies in insurer stock returns: A system‐GARCH model [J]. Journal of Risk and Insurance, 2008, 75 (4): 873-891.

[23] CENTOLA. An experimental study of homophily in the adoption of health behavior [J]. Science, 2011, 334 (6060): 1269-1272.

[24] CHEN, HU. The value of supply chain finance [J]. Supply Chain Management-Applications and Simulations, 2011: 111-132.

[25] CHOI, KIM, LEE. Role of network structure and network effects in diffusion of innovations [J]. Industrial Marketing Management, 2010, 39 (1): 170-177.

[26] CHRISTOZOV, CHUKOVA, MATEEV. Informing processes, risks, evaluation of the risk of misinforming [J]. Foundations of informing science, 2009: 323-356.

[27] CLINE. The merging of risk analysis and adventure education [J]. Wilderness Risk Management, 2004, 5 (1): 43-45.

[28] CONSTANS. Worry propensity and the perception of risk [J]. Behaviour Research and Therapy, 2001, 39 (6): 721-729.

[29] CORTADA. The Digital Hand: Volume II: How Computers Changed the Work of

American Financial, Telecommunications, Media, and Entertainment Industries [M]. Oxford: Oxford University Press, 2005.

[30] CRÉMER, KHALIL, ROCHET. Contracts and productive information gathering [J]. Games and Economic Behavior, 1998, 25 (2): 174 – 193.

[31] CRÉMER, KHALIL. Gathering information before signing a contract [J]. The American Economic Review, 1992: 566 – 578.

[32] DALMOLEN, MOONEN, VAN. Building a Supply Chain Ecosystem: How the Enterprise Connectivity Interface (ECI) Will Enable and Support Interorganisational Collaboration [C] Springer, Cham, 2015: 228 – 239.

[33] DAMANPOUR. Organizational complexity and innovation: developing and testing multiple contingency models [J]. Management science, 1996, 42 (5): 693 – 716.

[34] DOWNS, MOHR. Conceptual issues in the study of innovation [J]. Administrative science quarterly, 1976: 700 – 714.

[35] DRAKE. Selective potentiation of proximal processes: Neurobiological mechanisms for spread of activation [J]. Medical Science Monitor, 2004, 10 (10): 231 – 234.

[36] FISCHER, FERLIE. Resisting hybridisation between modes of clinical risk management: Contradiction, contest, and the production of intractable conflict [J]. Accounting, Organizations and Society, 2013, 38 (1): 30 – 49.

[37] GELSOMINO, STEEMAN, et al. An optimisation strategy for concurrent Supply Chain Finance schemes [J]. Journal of Purchasing and Supply Management, 2019, 25 (2): 185 – 196.

[38] GEORGE. The Market for Lemons: Quality Uncertainty and the Market Mechanism [J]. The Quarterly Journal of Economics, 1970.

[39] GIESLER. How doppelgänger brand images influence the market creation process: Longitudinal insights from the rise of botox cosmetic [J]. Journal of Marketing, 2012, 76 (6): 55 – 68.

[40] GIGERENZER. Dread risk, September 11, and fatal traffic accidents [J]. Psychological science, 2004, 15 (4): 286 – 287.

[41] GRISKEVICIUS, ACKERMAN, CANTÚ, et al. When the economy falters, do people spend or save? Responses to resource scarcity depend on childhood environments [J]. Psychological science, 2013, 24 (2): 197 – 205.

[42] GROSSE-RUYKEN, WAGNER, JÖNKE. What is the right cash conversion cycle for your supply chain? [J]. International Journal of Services and Operations Management, 2011, 10 (1): 13–29.

[43] HE, CHIU, ZHANG. The impact of corporate governance on state-owned and non-state-owned firms efficiency in China [J]. The North American Journal of Economics and Finance, 2015, 33: 252–277.

[44] HOFMANN. Supply chain finance: some conceptual insights [J]. Beiträge Zu Beschaffung Und Logistik, 2005: 203–214.

[45] HUBBARD. The failure of risk management: Why it's broken and how to fix it [M]. Hoboken: John Wiley & Sons, 2020.

[46] KRUEGER, DICKSON. How believing in ourselves increases risk taking: Perceived self-efficacy and opportunity recognition [J]. Decision sciences, 1994, 25 (3): 385–400.

[47] LEWIS. Asymmetric information, adverse selection and online disclosure: The case of eBay motors [J]. American Economic Review, 2011, 101 (4): 1535–46.

[48] LI, JIN, LUO, et al. Effect of prolonged radiotherapy treatment time on survival outcomes after intensity-modulated radiation therapy in nasopharyngeal carcinoma [J]. PloS one, 2015, 10 (10).

[49] LIU, ZHOU, WU. Supply chain finance in China: Business innovation and theory development [J]. Sustainability, 2015, 7 (11): 14689–14709.

[50] MANER, SCHMIDT. The role of risk avoidance in anxiety [J]. Behavior Therapy, 2006, 37 (2): 181–189.

[51] MCELROY, SETA. On the other hand am I rational? Hemispheric activation and the framing effect [J]. Brain and Cognition, 2004, 55 (3): 572–580.

[52] MESEGUER. Policy learning, policy diffusion, and the making of a new order [J]. The Annals of the American Academy of Political and Social Science, 2005, 598 (1): 67–82.

[53] MEYER. Rationalized environments [J]. Institutional environments and organizations, 1994: 28–54.

[54] MORE, BASU. Challenges of supply chain finance [J]. Business Process Management Journal, 2013.

[55] ØVRETVEIT, BATE, CLEARY, et al. Quality collaboratives: lessons from research [J]. Qual Saf Health Care, 2002, 11 (4): 345-351.

[56] PEMBERTON. The curve of culture diffusion rate [J]. American Sociological Review, 1936, 1 (4): 547-556.

[57] PERES, MULLER, MAHAJAN. Innovation diffusion and new product growth models: A critical review and research directions [J]. International journal of research in marketing, 2010, 27 (2): 91-106.

[58] PFOHL, GOMM. Supply chain finance: optimizing financial flows in supply chains [J]. Logistics research, 2009, 1 (3-4): 149-161.

[59] PONOMAROV, HOLCOMB. Understanding the concept of supply chain resilience [J]. The international journal of logistics management, 2009.

[60] RADFORD, BLOCH. Linking innovation to design: Consumer responses to visual product newness [J]. Journal of Product Innovation Management, 2011, 28 (s1): 208-220.

[61] ROBERTSON, SWAN, NEWELL. The role of networks in the diffusion of technological innovation [J]. Journal of management studies, 1996, 33 (3): 333-359.

[62] ROGERS, BHOWMIK. Homophily-heterophily: Relational concepts for communication research [J]. Public opinion quarterly, 1970, 34 (4): 523-538.

[63] ROSTILA. Birds of a feather flock together – and fall ill? Migrant homophily and health in Sweden [J]. Sociology of health & illness, 2010, 32 (3): 382-399.

[64] The Design and Implementation of US Climate Policy [M]. Chicago: University of Chicago Press, 2012.

[65] TVERSKY, KAHNEMAN. The framing of decisions and the psychology of choice [J]. science, 1981, 211 (4481): 453-458.

[66] VALENTE, ROGERS. The origins and development of the diffusion of innovations paradigm as an example of scientific growth [J]. Science communication, 1995, 16 (3): 242-273.

[67] WAY. Political insecurity and the diffusion of financial market regulation [J]. The ANNALS of the American Academy of Political and Social Science, 2005, 598 (1): 125-144.

[68] WHITFIELD. Mark Whitfield [M]. New York: Warner Bros, 1993.